Barbara Arzmüller

Dein Zuhause als SPIEGEL deiner Seele

Wie du mit KLEINEN VERÄNDERUNGEN dein LEBEN in SCHWUNG bringst

Schirner
Verlag

ISBN 978-3-8434-1386-2

Barbara Arzmüller:
Dein Zuhause als Spiegel deiner Seele
Wie du mit kleinen Veränderungen
dein Leben in Schwung bringst
© 2016, 2019 Schirner Verlag,
Darmstadt

Umschlag: Simone Fleck, Schirner, unter
Verwendung von #391616107 (© Yaroslav
Kazakov), #579004942 (© Photographee.
eu), #715596823 (© Alena Ozerova),
#745407424 (© mil87olia), #225936376
(© iktash), www.shutterstock.com
Layout: Simone Fleck, Schirner
Lektorat: Kerstin Noack, Schirner
Printed by: Ren Medien GmbH,
Germany

www.schirner.com

4., erweiterte und neu gestaltete Auflage April 2019

INHALT

Entspannt wohnen

Bunt. Grafisch.

Oder doch lieber GEMÜTLICH?

Jeder Mensch wohnt anders. Denn jeder Mensch ist anders.

Jeder gestaltet seine Umgebung auf seine Weise. Das Wohnen ist Ausdruck der Persönlichkeit.

Immer.

Der eine gestaltet seine Räume mit wenigen Möbeln und lässt die Leere wirken, ein anderer wohnt inmitten einer Fülle von Bildern, Schränken und Teppichen. Der eine bevorzugt Holz, der andere Stein. Manche lieben Blau, manche lieben Weiß. Die einen halten Ordnung, die anderen tun es nicht. Die einen bleiben zeitlebens am Ort ihrer Geburt, andere ziehen ständig um.

Mit unserer Art uns einzurichten, Farben und Möbel auszuwählen, Ordnung zu halten und Bilder aufzuhängen, zeigen wir sehr viel von uns selbst. Doch wir zeigen uns nicht nur so, wie wir gern sein möchten. Das Unterbewusstsein redet bei allen Entscheidungen mit. Alles drücken wir in der von uns selbst geschaffenen Umgebung aus. Ob Glück oder Ängste, ob Wohlstand oder Geldsorgen, ob Liebe oder Ärger in der Partnerschaft, ob ein gut funktionierender Alltag oder ständiger Stress, ob Erfüllung oder gähnende Langeweile – unser Zuhause zeigt uns, warum etwas so ist, wie es ist. Unsere Umgebung ist ein Spiegel unserer Seele.

Dieser »Spiegel« wirkt auf uns zurück und bekräftigt den Seelenzustand jeden Tag aufs Neue, auch dann, wenn er uns eigentlich gar nicht guttut. Das zu wissen, ist der Schlüssel zur Lösung, denn hier können wir ansetzen. Oft reichen kleine Korrekturen, um eine neue Energie ins Leben zu bringen. Schon eine andere Farbe oder ein besonderes Symbol können wesentliche Veränderungen anstoßen. So kann sich die Persönlichkeit besser entwickeln, Talente können sich zeigen, die Gesundheit kann stabiler werden, Vertrauen und Lebensfreude können wachsen.

Es geht nicht darum, seine Art zu wohnen und damit sich selbst radikal zu verändern. Es geht darum, die Qualität des Lebens zu verbessern. Denke an dein eigenes Leben: Gibt es hier einen Bereich, in dem nichts weitergeht? Steht deine Karriere vor einer Wand? Ist deine Partnerschaft in einer Sackgasse gelandet? Stresst dich deine Familie? Fühlst du dich viel zu oft ausgelaugt und kränkelnd? Mangelt es dir an Ideen, wie du dein Leben erfüllter gestalten kannst?

Krisen dieser Art tauchen in jedem Leben irgendwann einmal auf. Sie scheinen zu den ganz normalen Herausforderungen zu gehören. Zur gefährlichen Belastung für Lebensfreude und Gesundheit werden sie dann, wenn sie über lange Zeit nicht überwunden werden. Wer sich einmal in solch einer festgefahrenen Lage befindet, tut sich immer schwerer damit, Auswege zu finden.

Dabei wünschen sich die meisten Menschen vor allem eines: ein entspanntes Leben. Das ist es, wonach sich ihre Seele sehnt. In einem entspannten Zustand wird alles leichter. Gefühle lassen sich intensiver empfinden. Man findet den Zugang zu sich selbst. Man kann Ideen kreieren und Unternehmungen starten. Aus dieser inneren Ruhe heraus fällt es auch leichter, sich für andere Menschen zu öffnen. Es gibt immer viel zu lachen. Die Zeit auf der Erde lässt sich endlich genießen.

Ein leicht gangbarer und überaus wirkungsvoller Weg, um dieses Ziel zu erreichen, ist es, Schönheit und Ordnung in Raum und Zeit zu schaffen. Denn »wie innen, so außen« lehrt uns eine alte Weisheit. Die Umgebung zu Hause hat eine Menge mit der persönlichen Zufriedenheit zu tun. Entspannt zu leben bedeutet also immer auch entspannt zu wohnen. Zwar nimmt bei vielen Menschen die berufliche Tätigkeit einen großen Teil ihrer Zeit und Energie in Anspruch, doch zu Hause sollte ein jeder zur Ruhe kommen können. Das Zuhause sollte der Ort der Kraft sein. Hier sollte es gelingen, den Stress loszulassen und die Energiereserven aufzufüllen. Denn wenn wir hier nicht unsere Batterien aufladen können, wo dann? Mache dein Zuhause zu deinem besten Platz, und »dein Platz« wird dich sehr erfolgreich machen.

Der richtige Energiefluss und die Bedeutung von Ordnung und Struktur in Raum und Zeit machen den ersten Teil dieses Buches aus. Dabei lernst du auch die Ebenen eines Hauses in ihrer übertragenen Bedeutung kennen. Nach einem Ausflug zum Thema Umzüge erfährst du Grundlegendes über die »sieben Energien« und wie sie sich auf die Menschen, die Umgebung und die einzelnen Räume auswirken. Dies dient dazu, sich selbst besser einschätzen zu können und sich das bestmögliche Umfeld zu schaffen. Im letzten Teil des Buches geht es um Sehnsüchte und Ziele und wie sich die reiche Welt der Symbole zur Wunscherfüllung nutzen lässt. Die Methoden sind zahlreich. Du kannst Farben, Steine und Düfte einsetzen, du kannst Musik machen oder dich mit Pflanzen umgeben. Probiere aus, was bei dir persönlich die größte Wirkung erzeugt.

Alles fließt.

ÜBERALL FLIESST ENERGIE.

Im Körper, im Haus, in einer Stadt, in der Landschaft. In jedem Organismus fließt Lebensenergie. Zumindest sollte Energie fließen – denn das ist das Zeichen, dass der Organismus lebt.

Die eigene Umgebung zu gestalten und mit Energie anzureichern, wird dir eine große Freude sein, wenn du einmal damit angefangen hast. Schon kleine Veränderungen können den entscheidenden Anstoß geben, um deine Persönlichkeit weiterzubringen. Dein Leben fühlt sich gesünder an, reicher und erfüllter.

Ist der Energiefluss blockiert, gibt es einen Stau. Und Staus – das kennt jeder vom Autofahren – sind lästig und unangenehm. Der Energiefluss im Körper, im Haus oder in der Umgebung ist zwar nicht sichtbar, zu spüren aber ist er doch. Im eigenen Körper macht sich ein Energiestau durch Schmerzen und Verspannungen bemerkbar, ein Energiefluss hingegen fühlt sich einfach nur gesund an. Im eigenen Zuhause sind Energiestau und Energiefluss ebenfalls wahrzunehmen – durch Bereiche, die wir meiden oder in denen wir uns gern aufhalten. Und auch im weiteren Umfeld kann sich ein Energiestau zeigen – in einer Stadt, wenn es dort vermehrt Unfälle oder Gewalt gibt, in der Natur, wenn das Wachstum der Pflanzen gestört ist oder wenn sich hier Brände, Überschwemmungen oder Sturmschäden häufen. Fließt die Energie, fühlt es sich leicht an. Hier wirkt alles gesund und kann sich gut entwickeln.

Die Energie muss fließen

Den Energiefluss zu Hause zu aktivieren, ist deshalb so wichtig, weil wir uns hier in der Regel täglich aufhalten. Das heißt, wir haben viel Zeit, diese besondere Kraft in uns aufzunehmen, jeden Tag, jede Nacht. Ist es eine Störenergie, schadet sie uns auf Dauer. Ist es eine förderliche Energie, nützt sie unserer Entwicklung. Alles, womit wir über längere Zeit immer und immer wieder konfrontiert werden, setzt sich tief in unserem Wesen fest. Das gilt auch für alles Schädliche. Wir reagieren darauf. Wir müssen darauf reagieren, denn wir müssen ja mit den Herausforderungen umgehen. Daraus kann schließlich eine sehr verkrampfte Haltung werden. Das heißt, wir haben »gelernt«, mit einer Situation klarzukommen, und wenden diese Strategie auch für andere Fälle an – auch dann, wenn es sich um ein ungutes Verhaltensmuster handelt, um eines, das uns mehr behindert als fördert. Die Ursache dafür gilt es nun zu erkennen und aufzulösen.

Indem du deine Umgebung bewusst anschaust und wahrnimmst, was stört und was guttut, kannst du sie Stück für Stück zum Positiven hin verändern. Dann können die neuen, wohltuenden Energien auf dein Inneres wirken. Das störende Muster löst sich auf, der Energiefluss ist frei.

Zunächst gilt es also, den Energiefluss im eigenen Zuhause wahrzunehmen. Achte darauf, worauf unwillkürlich dein Blick fällt, wenn du in ein Zimmer eintrittst. Schweift dein Blick ruhig durch den Raum? So wäre es nämlich richtig: eine mäandernde Bewegung, die wie ein sanfter Fluss die Runde zieht.

Doch häufig gibt es einen einzigen, starken Blickfang. Jeder Gegenstand, der sofort ins Auge fällt und alles andere vergessen lässt, ist zu dominierend in seiner Wirkung. Dazu zählt auch die »gute« Aussicht. Du weißt ja: Was den Blick anzieht, dorthin geht die Energie.

Die Energie folgt der Aufmerksamkeit.

Wenn du deinen Raum betrittst, fällt dein Blick sofort auf das Fenster gegenüber? Bewunderst du als Erstes die herrliche Aussicht? Das mag ja sehr beeindruckend sein, doch wenn sich der Blick fast automatisch in die Ferne richtet, ist dies ein Zeichen, dass die Energie zu schnell verloren geht. Sie schwappt förmlich aus dem Fenster hinaus – und deine eigene Kraft gleich mit. Gegen eine tolle Weitsicht ist ja nichts einzuwenden, aber sie sollte gesteuert werden können. Denn wenn du zu lange so wohnst, ähnelst du auf Dauer einem Kaninchen, das wie gebannt auf die Schlange starrt und sich daher nicht mehr frei bewegt. Dieses Verhalten weitet sich auf andere Bereiche aus. Du könntest schließlich dazu neigen, dich an einem Thema festzubeißen und das große Ganze aus dem Auge zu verlieren.
Im Fall des übergroßen Fensters baust du eine Bremse ein. Du brauchst die Energie im Raum und nicht draußen! Drapiere Vorhänge um das Fenster. Wähle schwer fallende Stoffe, die aussehen, als würden sie Jahrhunderte überdauern. Hänge und stelle außerdem einen geschliffenen Kristall oder eine Achatscheibe ins Fenster, eine auffallende kräftige Figur oder eine klobige Vase. Und stelle Pflanzen vor dem Fenster auf, solche mit kräftigen Blättern, die auch fähig sind, einen starken Energiestrom aufzuhalten. Eine sensible Zimmerlinde wäre mit dieser Aufgabe überfordert, ein Drachenbaum oder eine Birkenfeige hingegen schafft es gut. Wichtig ist: Zentriere die Blickrichtung – schaffe dir einen »Blickfang«.

Oder kennst du dieses Szenario: Du betrittst den Raum und fühlst dich gefangen in der Enge? Und selbst wenn du die Fenster vergrößern würdest, brächte es nicht viel, denn ein massiver, grauer Häuserblock steht davor? Hier fehlt dir der Weitblick – zunächst direkt, auf Dauer möglicherweise auch im Leben.

Wähle helle Farben für diesen Raum und eine leichte Fensterdekoration: Locker drapierte Tücher, feine, farbige Schleier. Dazu bewegliche Objekte wie Mobiles sowie Fensterbilder, aus durchbrochenem Metall gearbeitet oder aus farbigem Glas zusammengesetzt. Installiere besonders viel Licht, und entscheide dich für wenige und leicht wirkende Möbel, für wenig Krimskrams und für kleine, fröhliche Bilder statt eines düsteren alten Meisters. Wähle vor allem Bilder, die einen Blick in die Ferne zeigen.

Gehe aufmerksam durch deinen Raum, von einer Tür zur nächsten, von der Tür zum Fenster. Fällst du, um diese Strecke zu bewältigen, beinahe über einen Sessel oder musst du dich an der Kommode vorbeizwängen? Auch dann ist der Energiefluss übel gestört. Die Folge ist, du hast bald keine Lust mehr, diesen Weg zu gehen. Auch kleine Handlungen verschiebst du lieber. Der Grund: Du möchtest dich weder verletzen noch Umwege gehen. Das wird dir vielleicht nicht bewusst, aber du handelst so. Und zwar zu Recht. Denn wer will schon aus seinem Leben einen Hindernislauf machen? Wenn du zu lange so wohnst, verinnerlichst du dieses Muster. Du schiebst etwas auf oder unterlässt es ganz, denn die Hindernisse erscheinen dir einfach zu groß.

Was du tun kannst? Ganz einfach: Schaffe dir freie Bahn! Weg mit dem Sessel! Ersetze ihn durch ein zierlicheres Stück. Und rücke die Kommode zur Seite. Hänge nicht an Möbelstücken, die definitiv stören. Finde für diese

Teile einen guten Platz, oder trenne dich von ihnen. Aber lasse dich nicht Tag für Tag zu Umwegen zwingen! Nicht von einem Sessel!!! Auch nicht, wenn er teuer war.

Die Energie muss fließen – genau wie das Wasser. Ist keine Bewegung darin, wird es abgestanden und faulig. Fließt es, so bleibt es frisch. Aber: Ist die Strömung zu stark, ist der Erholungswert gleich Null. Pfeilähnlich schießt das Wasser dahin, es ist ihm nicht mehr möglich, die Umgebung zu beiden Seiten mit Energie zu versorgen. Wird der Fluss dagegen ständig durch Hindernisse unterbrochen, entstehen zwangsläufig Umwege, ein Vorankommen ist nur schwer möglich. Das Ideal ist eine sanfte, geschwungene, fließende Bewegung. Genau so sollte sich der Energiefluss in deinem Zuhause anfühlen – sanft, fließend und harmonisch.

Das eigene Zuhause kann so zum Kraftort werden, wo wir Belastungen loswerden und wieder neue Energie schöpfen können. Dies alles würde uns in reichem Maße natürlich auch die Natur schenken. Aber unser Leben findet nur noch in den seltensten Fällen draußen statt. Ein Spaziergang in Wäldern oder Bergen ist in einem normalen Alltag einfach nicht jeden Tag machbar. Daher gilt es nun umso mehr, das eigene Heim zur Quelle der Energie zu machen. Zu Hause sind wir schließlich beinahe täglich, also machen wir spielerisch und voller Freude eine Oase daraus!

Die meisten Probleme lassen sich nämlich genauso im Außen angehen wie im Innen. Sie spiegeln sich wider, von hier nach dort und umgekehrt. Es spielt also keine Rolle, wo man anfängt zu verändern. Mit der Entscheidung, etwas in der Wohnung zu tun, ist ja gleichzeitig schon die Entscheidung für die Veränderung im Inneren gefallen.

Balance in Raum und Zeit

Spaß haben. Spielen. Lachen. Ins Blaue hinein träumen. Den lieben Gott einen guten Mann sein lassen. Einen ganzen schönen Tag lang nichts tun. Und nichts wollen. Es könnte so schön sein! Doch, darf man das überhaupt? Die Zeit ist knapp, haben wir gelernt. Außerdem, wer hat eigentlich noch diese Möglichkeit? Oder wer gönnt sie sich? Kaum einer! Die meisten Menschen bei uns neigen dazu, sich zu sehr auf die Seite der Nützlichkeit zu verlegen. Jede freie Minute soll bestmöglich genutzt werden. Für die Umgebung gilt dasselbe. Jeder Winkel im Raum soll ausgenutzt werden. Freiraum gibt es nicht. Zu einem entspannten Dasein führt das logischerweise nicht. Im Gegenteil, die ständige Jagd nach Nützlichkeit stresst.

Nutzlos zu sein und nutzlose Dinge zu haben, ist nicht hoch angesehen in unserer Gesellschaft. Ein bisschen Deko darf sein, auch ein bisschen unverplante Freizeit darf sein. Aber nur ganz wenig. Der Prozentsatz der Nutzlosigkeit wird immer geringer.
Weil Raum und Zeit so knapp sind, sollen sie möglichst intensiv genutzt werden. Hat man eine kleine Wohnung, muss man eben jeden Winkel nutzen. Hat man wenig Freizeit, muss man sie sinnvoll nutzen. Klingt richtig. Und kann trotzdem das Gegenteil bewirken.

Die Arbeit nimmt den wohl größten Anteil unserer Zeit ein. Doch auch die sowieso knappe Freizeit wird bis ins Detail durchgetaktet. Statt nur so auf der Couch zu liegen, wird gestrickt oder gehäkelt, was dabei herauskommt, kann man immerhin anziehen. Statt einfach nur spazieren zu gehen, geht man zum Walken, der Fitness wegen. Statt irgendeine Keramikfigur auf das Sideboard zu stellen, wählt man einen Krug, der kann dann auch mal als Blumenvase dienen. Statt eine Blühpflanze auf dem Balkon zu ziehen, greift man zur Tomatenstaude, denn deren Früchte kann man essen. Das alles ist nicht verkehrt – sofern es nicht überhandnimmt. Aber das tut es. Kein Gegenstand, keine Handlung, kein Zeitraum ohne Nutzen.
Als Könige der Zeitplanung fühlen sich jene, die einen doppelten Nutzen finden. Zwei Fliegen mit einer Klappe zu schlagen, gilt als das Nonplusultra der Zeitmanager und Raumstrategen. So kommt es schließlich, dass

auch die letzte Stunde Freizeit und der letzte Winkel Freiraum durchgeplant sind. Doch das macht weder frei noch glücklich.

Woran liegt das? Können wir mit der Nutzlosigkeit nicht umgehen? Wer hat uns beigebracht, dass Zeit und Raum eingeteilt werden müssen? Sicherlich, Zeit und Raum sind etwas sehr Kostbares. In einem Menschenleben sind sie nicht unendlich. Die Frage ist aber, wann eine Zeit wirklich gut gefüllt und wie ein Raum gut strukturiert ist.

Beginnen wir mit dem Raum: Stelle dir einen Raum vor, der vollgestopft ist mit Schränken und Regalen, mit Truhen und Anrichten. Es gibt kaum eine Stelle, an der kein Möbelstück steht. Selbst über der Tür ist noch ein Hängeschrank angebracht – um den ansonsten »nutzlosen« Raum zu nutzen. Mit dem Effekt, dass der Raum überladen wirkt und unruhig. Entspannung kann hier nicht aufkommen. Ein Zuviel macht immer müde. Aber wenn doch die Wohnung so klein ist? Hm. Wer alles haben will, was beworben wird, dem wird der Raum schnell zu wenig. Die vielen Dinge müssen auch untergebracht werden. Denke nur an die unzähligen und nur scheinbar notwendigen Küchenutensilien oder an all die vielen Sportgeräte, Kleidungsstücke und Accessoires. Was wird einem da nicht alles suggeriert, was man unbedingt haben müsse. Aber muss man gar nicht. Wer seine Wände nicht mit Regalen und Schränken zustellt, um all diese Dinge unterzubringen, hat vor allem eines: Raum.

Dann die Zeit: Stelle dir einen Tagesablauf vor, der angefüllt ist mit Terminen. Einen großen Teil davon nimmt die Arbeit ein, einen weiteren Teil der Sport. Natürlich braucht es auch Zeit, um Haus, Garten und Auto zu pflegen. Sowieso lange im Voraus sind die Urlaubstage verplant. Hinzu kommen Vereinstreffen und Einladungen von Freunden und Familie. Bleibt dann noch Zeit übrig, wird einem Hobby nachgegangen. Nur ungeplante und ungenutzte Zeit gibt es nicht. Fragt man Menschen mit einem solchen Lebensstil, erzählen sie, dass sie alles nur noch im Laufschritt erledigen, dass die Jahre so schnell vorüberrauschen, dass sie ständig gehetzt und gestresst sind. Wer aber nicht jede Minute verplant, hat vor allem eines: Zeit.

Zu viel Raum und zu viel Zeit zu haben, ist natürlich auch nicht immer gut. Ein Zuviel an freier Zeit kann nämlich ebenfalls stressen. Es fördert die Verwirrung. Genauso ergeht es uns bei einem Zuviel an Raum. Das Gefühl des Verlorenseins kann aufkommen. Zu wenige Dinge zu haben, kann außerdem traurig machen.

Es kommt also auf das rechte Maß an. Wie immer und überall im Leben. Was es braucht, ist Balance. Die Mitte gilt es zu finden. Und das muss jeder für sich selbst tun. Denn jeder hat seine eigene Mitte. Es hängt von der einzelnen Persönlichkeit ab, wann etwas noch gut oder schon nicht mehr gut ist. In den meisten Fällen aber überwiegen der knappe Raum und die knappe Zeit. Deshalb ist fast immer die Entspannung in dieser Richtung zu suchen: loslassen und sich mehr Freiheit gönnen.

Wenn du den Blick darauf richtest, was du nicht hast, wird dieses Nicht-Haben stärker. Das ist ein altes Gesetz: Wir ziehen an, worauf wir unsere Aufmerksamkeit lenken. Ist es die Knappheit an Zeit und Raum, bekommen wir dadurch nicht mehr Zeit und nicht mehr Raum, sondern immer noch weniger von beidem. Ein Teufelskreis! Aber keiner, aus dem sich nicht ausbrechen ließe. Eigentlich ist es sogar recht einfach. Wir brauchen nur unsere Aufmerksamkeit umzulenken. Lasse dir mehr Raum, und lasse dir mehr Zeit!

Geht es um den fehlenden Raum, so bedeutet dies ein Bewusstsein von Enge. Der Platz fehlt. Also werden weitere Schränke, Regale und Einbauten gekauft, um mehr Dinge unterzubringen. Die Wohnung wird damit immer noch enger. Die Enge nimmt zu, weil du dich auf »Enge« konzentrierst. Die einzige Hilfe ist hier, sich von Dingen zu verabschieden, gründlich auszumisten und Leere zu schaffen. Jetzt kannst du befreit durchatmen und dir überlegen, diesen Raum anders zu füllen. Wähle dafür bewusst etwas scheinbar Nutzloses aus. Wie ein selbst gemaltes Bild, eines von der Künstlerin nebenan oder Fotos vom Urlaub. Oder lege markante Steine auf dein Regalbrett, Steine, die du von einem Spaziergang mitgebracht hast. Oder eine Engelfigur. Ein Modellauto. Ein Stofftier. Etwas, was nur schön ist. Etwas fürs Herz.

Geht es um die fehlende Zeit, wird ebenfalls versucht, die Abläufe zu strukturieren. Die Woche wird detailliert durchgeplant. Der Terminkalender wird zum wichtigsten Begleiter. »Keine Zeit, keine Zeit«, so die Daueraussage dieser Menschen. Ständig versuchen sie, Zeit zu sparen – und sie haben doch keine. Kennst du das? Die Zeitnot nimmt zu, weil du dich auf »Zeitmangel« konzentrierst. Auch da gilt es umzudenken, die Richtung zu ändern: von zu wenig Zeit auf viel Zeit.
Ein Anfang könnte sein, sich ein paar Stunden oder einen halben Tag in der Woche frei von Terminen zu halten. Dann einen Tag, ein ganzes Wochenende und vielleicht sogar mal eine Woche Urlaub zu nehmen, ohne ihn zu verplanen. Eine echte Herausforderung – und doch so befreiend! Was du in dieser Zeit tun sollst, fragst du dich? Etwas, was keinen Nutzen hat. Spiele. Schreibe alten Freunden. Sitze, und schaue. Warte, was kommt. Und wenn nichts kommt an Ideen, an Einladungen, an Events? Dann kommt eben nichts. Auch das ist gut so. Lasse die Zeit auf dich wirken. Lasse dir die Zeit durch die Finger rinnen. Schaue der Blume beim Wachsen zu. Es genügt, da zu sein und zu atmen. Mehr braucht es nicht.

Achte stets auf Harmonie – in der Gestaltung deiner Räume und im Umgang mit deiner Zeit. Einseitigkeit ist ungesund. Ein Übergewicht auf der einen Seite zieht immer den Drang nach der anderen Seite an. So sehnt man sich bei großer Kälte nach Wärme, in der Sommerhitze nach einer Erfrischung. Nach einem anstrengenden Arbeitstag genießen wir einen faulen Feierabend, nach der Ruhepause der Nacht freuen wir uns wieder auf neue Aktivitäten. Oftmals ist der harmonische Ablauf gestört – doch das lässt sich wieder lernen.

Finde Einseitigkeiten in deiner Wohnung heraus. Denn diese können Einseitigkeiten in deinem Leben markieren. Dann fange an, sie mit dem Gegenteil zu bearbeiten. Setze ein optisches Signal, indem du diese Einseitigkeiten in deiner Wohnung veränderst.
Die Arbeit mit Symbolen ist hier von großer Bedeutung. Grundsätzlich bedeuten Steine Festigkeit, bewegliche Objekte bringen Leichtigkeit. Licht symbolisiert Lebensfreude, Dunkelheit steht für Innerlichkeit und Geborgenheit. Öffnungen lassen Kontakte zu, Mauern schirmen ab.
Vor allem musst du dich mit den Symbolen selbst und mit ihrer Bedeutung wohlfühlen. Du musst diese nachvollziehen können. Entwickle ruhig auch deine eigene Symbolsprache. Deiner Fantasie sind keine Grenzen gesetzt. Dein Unterbewusstsein wird deine Symbolsprache verstehen, wird die neuen Impulse aufgreifen. Eine Veränderung kommt auf jeden Fall in Gang!

Schaue dir dazu einfache Beispiele an:
Eine Wohnung mit wenigen und kleinen Fenstern ist wie abgeschlossen nach außen. Es mangelt an Licht – und im übertragenen Sinn an Lebensfreude und vielleicht auch an Kontakten. Hole dir den fehlenden Sonnenschein durch reichlich künstliches Licht und mit fröhlichen Farben ins Haus. Anstatt dein Gemüt erdrücken zu lassen, hänge ein farbenfrohes, luftiges Mobile ins Fenster.
Vielleicht hat die Wohnung auch zu viele und zu große Fenster. Die Aufteilung der Räume ist offen, sie gehen ineinander über. Das heißt, diese Wohnung bietet zu wenig Schutz. Es mangelt an Rückzugsmöglichkeiten und an Geborgenheit. Schirme hier die zu großen Fensterflächen ab, ziehe klare Grenzen, und du fühlst dich geschützter und sicherer.

Oder gibt es in deiner Wohnung einen Bereich, den du nicht nutzt? Wie etwa ein Gästezimmer, das viel zu selten Gäste beherbergt? Oder einen Hobbyraum, den du nicht nutzt? Oder vielleicht sogar die Küche, in der du höchstens mal einen Kaffee kochst? Das würde bedeuten, dass du einen bestimmten Bereich deines Lebens nicht annimmst, dass du dein Potenzial nicht vollständig auslebst. Lasse das nicht zu. Du darfst und sollst komplett leben. Kein Raum, nicht einmal der Teil eines Raumes sollte achtlos und ungenutzt bleiben, wie auch kein Bereich des Lebens unbeachtet und keine Fähigkeit ungenutzt bleiben sollte. Was wiederum nicht bedeutet, dass dieser Teil zugestellt und Enge geschaffen werden soll. Aktiviere diesen Teil in deinem Zuhause stattdessen mit einem freundlichen Symbol. Vor allem braucht es hier Licht! Erhelle den Bereich im Raum und in dir mit viel Licht. Oder mache Musik an. Auch Schallwellen bringen Bewegung und damit eine neue Energie.

Einen Abstellraum zu haben, ist etwas Wunderbares. Nicht so glücklich ist es jedoch, diesen Raum als Müllraum zu missbrauchen. Gibt es bei dir so einen Raum oder auch nur einen großen Schrank? Wo du alles hineinstopfst, was du aus dem Blickfeld haben möchtest? Erinnere dich immer wieder daran, dass die äußere Umgebung ein Spiegelbild des Inneren ist, also genauso auch deine Psyche aussehen würde: überfrachtet mit alter, abgelegter Ware.

Räume gründlich auf – tatsächlich und im übertragenen Sinn. Das heißt, bringe deine Gedanken in Bezug auf dieses Thema in Ordnung. Trenne dich von allem, was du seit Jahren nicht mehr benutzt hast. Du musst Wertvolles nicht wegwerfen, du kannst es verschenken oder verkaufen. Erinnerungsstücke haben nur dann einen Wert für dich, wenn du sie mit freundlichen Gedanken verbindest und auch benutzt oder gern

anschaust. Erbstücke oder Geschenke von Personen, zu denen die Beziehung belastet ist, brauchst du nicht. Verpflichtung und Sentimentalität sind keine guten Gründe, etwas zu behalten. Schaffe lieber Platz für Neues in deinem Leben.

Harmonie ist das wichtigste Kriterium für das Wohnen. Zu Hause sollen wir uns erholen können, in unsere Mitte kommen und einen Ausgleich für Stress und Anforderungen finden.

Das Streben nach Harmonie und das Beherrschen von Raum und Zeit sind wesentlich für ein entspanntes Leben und für ein entspanntes Wohnen. Daher geht es in den nächsten Kapiteln nochmals gezielt darum, den Raum zu ordnen, die Zeit zu strukturieren und so die Harmonie in sich selbst und in der Umgebung wiederherzustellen.

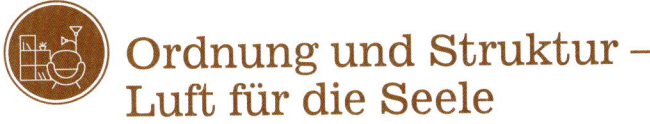

Ordnung und Struktur – Luft für die Seele

Unser Zuhause ist nicht nur ein notwendiger Schutz gegen das Wetter. Es ist nicht nur ein Unterschlupf, in dem wir übernachten und unsere Sachen aufbewahren können. Unser Zuhause ist unser Rückzugsort, unser Erholungsort, unsere Privatsphäre. Hier dürfen wir wirklich wir selbst sein.
Wo sonst ist dies möglich? Wer sich zu Hause nicht frei entfalten kann, verbaut sich eine große Chance. Die meisten Jobs erfordern Kompromisse. Doch zu Hause sollte ein jeder frei sein. Und die Menschen, die ein Haus teilen, die Familie oder auch Freunde, die sollten einander nicht behindern, sondern fördern. Sie sollten alle daran interessiert sein, das Umfeld so zu gestalten, dass es für alle Bewohner eine Freude ist, daheim zu sein.

Eigentlich weiß jeder Mensch, dass es dem Wohlbefinden nur guttut, wenn die Umgebung in Ordnung ist. Und doch: Geht es ums Aufräumen, so sagen viele: Nein, danke. Es gäbe doch wahrlich schönere Beschäftigungen, um seine Zeit zu verbringen. Mag sein. Doch wie lange könnten sie die »schönen Beschäftigungen« genießen, wenn sie augenscheinlich im Chaos ersticken? Und doch gelten alle Vorhaben, die im weitesten Sinne mit Hausarbeit und Instandhaltung zu tun haben, zwar als notwendig, aber auch als nervig und langweilig.

Das rührt auch daher, weil es Arbeiten sind, die nicht in der ersten Reihe der anerkannten Tätigkeiten stehen. So sieht man das Aufräumen als Pflicht und nicht als Vergnügen. Und wer will schon in der knappen Freizeit wieder Pflichten erfüllen?

Doch die Unordnung wächst, und schließlich steht die Forderung nach Ordnung fast wie eine Drohung im Raum. Das stresst. Man fühlt sich unter Druck, weil man doch dringend aufräumen sollte. Aber man ist doch so müde! Da kann man es sich noch so gemütlich gemacht haben, mit einer Decke auf dem Sofa, einem duftenden Tee, interessante Zeitschriften ausgebreitet. Die Unordnung blenden wir aus. Doch es funktioniert nur kurz. Bald fühlen wir uns mies, weil wir das schlechte Gewissen mit uns tragen:»Ich hätte ja dieses oder jenes tun sollen.« Schließlich ist die freie Zeit vorüber, doch der Tag war kein Gewinn, keine Erholung.

Natürlich ist das mit der Ordnung dehnbar. Jeder wird selbst ein Gespür dafür entwickeln müssen, wann sich das eigene Umfeld gemütlich anfühlt und wann die Unordnung nervt. Liegt zu viel herum, lässt sich nicht gut entspannen. Man mag das nicht bewusst wahrnehmen, aber die vielerlei Eindrücke schlagen wie kleine Blitze auf uns ein.

»Schau mich an – räum mich auf – kümmere dich um mich – bastle an mir weiter – lies mich zu Ende«, scheinen uns all diese Dinge zuzurufen. Die Unordnung ist um uns und in uns. Verwirrung breitet sich aus, Lustlosigkeit und Lähmung. Man weiß gar nicht mehr, wo man anfangen soll aufzuräumen, in der Wohnung und im Leben.

Tja, wo anfangen? Wie isst man einen Elefanten? Bissen für Bissen. Wie räumt man eine Wohnung auf? Stück für Stück. Das Aufräumen der Wohnung ist immer auch ein Aufräumen der Seele. Du merkst es an dem guten Gefühl von Freiheit und Klarheit, das sich einstellt.

Eine sterile Umgebung, bei der die Ordnung übertrieben wird, stresst allerdings auch. Das Gefühl von Kälte kommt auf, wenn alles perfekt ist. Jedes lebende Wesen stört diese Perfektion. Vielleicht steigt auch die Angst hoch, den hohen Ansprüchen nicht zu genügen. Denn alles, was lebt, befindet sich in einer Entwicklung und ist daher im statischen Sinne nie perfekt. Zu viel Ordnung macht starr und schränkt die Lebendigkeit ein.

Manche begründen ihren Unmut über die Hausarbeit damit, dass sie zu wenig Stauraum haben. Eine größere Wohnung und mehr Platz, so denken sie, würde ihr Problem der ständigen Unordnung lösen. Dabei braucht ein Mensch meist gar nicht so viele Dinge. Andere sprechen selbstbewusst vom »kreativen Chaos«, wenn sie das Durcheinander in ihrer Wohnung beschreiben. Meist handelt es sich dabei jedoch um eine Ausrede, und es herrscht im Grunde doch nur banale Unordnung. Wie soll man jemandem, der in Bergen von Waren fast erstickt, glauben, dass ihm das alles etwas wert ist? Wie soll man ihm glauben, dass er sein Leben in den Griff kriegt, wenn er es schon im Kleinen nicht schafft? Erinnere dich: Du brauchst nicht mehr Schränke, du brauchst weniger Sachen! Ein bisschen vom steinzeitlichen Jäger und Sammler tragen wir wohl alle in uns. Auch haben viele schon einmal, entweder selbst oder in der Familiengeschichte, Zeiten der Not und des Mangels erlebt. Somit ist es durchaus nachvollziehbar und auch eigentlich ein gutes Signal gegen unsere Wegwerf- und Müllgesellschaft, Dinge aufzubewahren. Deshalb klingen die Gründe für das Sammeln auch gar nicht schlecht: »Wer weiß, wann ich das noch mal gebrauchen kann« oder »Vielleicht werden die Klamotten ja wieder modern« oder »Das viele Geschirr habe ich für den Fall, dass ich mal ein großes Fest feiere.«

Sammeln mag ja Spaß machen. Aber eine Sammlung kann auch belasten. Denn: Kann es nicht sein, dass wir uns von den ganzen Sachen einfach nicht trennen wollen? Weil sie uns Sicherheit geben? Und viele Dinge geben uns viel Sicherheit? Falls dies der Grund ist, dann sollte man in sich selbst nachhaken. Dahinter steckt oftmals Angst: die Angst vor Verlust, vor Verarmung und Not. Denn können Dinge wirklich Sicherheit geben? Liegt das größte Unglück wirklich darin, alles Hab und Gut zu verlieren? Nun ja, ein Drama ist das schon. Wünschen würde man es niemandem. Und trotzdem gibt es Schlimmeres. So kann man sich zwischendurch fragen: »Woran hängt mein Herz wirklich?« So schön es ist, Besitz zu haben – mitnehmen können wir ihn nicht in die andere Welt. Nur unsere Seele bleibt uns. Die großen Religionen haben also Recht damit, wenn sie meinen, dass hier die eigentlichen Schätze gesammelt werden sollten. Erst dann, wenn diese Reihenfolge richtig gestellt ist, können wir auch wieder anfangen, all die irdischen Schätze zu genießen und uns an ihnen zu erfreuen. Wir sollen die Gaben der Erde dankbar annehmen und nutzen, damit sie uns und anderen dienen. Nicht umgekehrt! Denn wenn die Dinge die Regentschaft übernehmen, dann läuft etwas schief.

Wenn es wichtiger ist, Platz für unsere Sachen zu schaffen als Platz für uns selbst, dann stimmt die Wertigkeit nicht mehr. In diesem Fall wäre es eine gute Übung, sich eine Zeit lang auf das wirklich Wesentliche zu beschränken. Man könnte sich eine Auszeit in einem Kloster nehmen, um sich hineinzufühlen, wie es ist, ohne Besitz klarzukommen. Oder man kann eine Reise in eine Wüste oder in die Berge machen, um einfache Dinge wie klares Wasser wieder zu würdigen. Wer mit wenig zurechtkommt, kann die Fülle umso mehr schätzen. Er wird sich davon aber nicht mehr gefangen nehmen lassen. Dann kann die Seele endlich wieder frei atmen.

Unkontrolliert Dinge anzuhäufen, ist also sinnlos. Wer es einmal ausprobiert hat, weiß, wie gut es tut, sich von alten Sachen zu trennen. »Weniger ist mehr«, ganz gewiss gilt dieser Spruch auch für die Gegenstände, die uns umgeben. Kaufen wir uns nicht noch einen Schrank, sondern schaffen wir uns Platz! Raum um sich zu haben, ist so schön. Es ist ein gutes Gefühl, das Leben geordnet zu haben. Jetzt können wir uns wieder bewegen, jetzt ist Raum da und Freiraum – das macht doch erst kreativ und lässt die Ideen sprudeln!
Horten wir aber, stopfen wir unsere Umgebung zu, können wir nicht mehr atmen, die Kanäle sind zu. Es fällt uns schwerer, Lösungen für unsere Probleme zu finden. Ständig haben wir das Gefühl, einen riesigen Ballast mit uns herumzutragen. Dabei wäre das doch gar nicht notwendig. Hänge dein Herz nicht an Dinge, das macht es nur schwer. Wenn du dich schon lange nach einem leichteren, froheren Leben gesehnt hast, dann versuche es mal so: Trenne dich von Ballast!

Fange ohne zu zögern an. Bei deinem Kleiderschrank, beim Schuhschrank, beim Schreibtisch oder bei einer Küchenschublade. Es spielt keine Rolle, womit du beginnst. Nimm jedes Teil in die Hand, und frage dich, ob du es brauchst und behalten willst oder ob du auch ohne dieses auskommen kannst, natürlich ohne dich dadurch in deiner Lebensqualität einschränken zu müssen. Verbindest du eine liebe Geschichte damit, dann lasse diese Dinge nicht in einer Ecke verkommen, sondern weise ihnen einen würdigen Platz zu.

Bewährt hat sich hierbei das 3-Stapel-System. Nimm dir jede Woche mindestens ein Regal oder einen Schrank vor. Räume diesen Schrank komplett leer, und sortiere seinen Inhalt: Auf Stapel 1 kommen die Dinge, die du ziemlich oft brauchst, täglich, wöchentlich oder einmal im Monat. Die darfst du dann auch gleich zurück in den Schrank räumen. Auf Stapel 2 legst du die Dinge, von denen du weißt, dass du sie nicht mehr brauchst oder haben willst. Diesen Stapel bringst du – je nach Zustand – unverzüglich zum Müll, zum Flohmarkt oder zu einer karitativen Sammelstelle. Stapel 3 besteht aus den Sachen, von denen du noch nicht weißt, ob du dich von ihnen trennen willst.

Nochmals zu Stapel 1: Schaue genau hin, was du aufbewahrst. Beschädigte Gegenstände wie angeschlagene Vasen, angeknackste Bilderrahmen oder wackelige Stühle lässt du entweder reparieren oder du trennst dich davon. Die energetische Schwingung solcher Teile ist denkbar ungut – sie erzählen tagtäglich von Zerstörung.
Von belastenden Erinnerungsstücken dagegen solltest du dich leichten Herzens trennen. Wozu willst du die Fotos oder Geschenke des Verflossenen aufbewahren, wenn dir beim Anschauen jedes Mal die Tränen in die Augen steigen? Warum willst du pflichtbewusst Mitbringsel abstauben, die dir gar nicht gefallen oder die dir ständig einen unguten Vorfall ins Gedächtnis rufen? Mit dem Weggeben dieser Dinge löst du alte Bindungen auf, die über diese Gegenstände immer wieder zu dir hergestellt werden können. Gib sie an Menschen, für die sie neutrale, unbelastete Dinge sind. Nimm dieses Weggeben zum Anlass, dich auch von dem Schmerz, der Wut, der Enttäuschung, der Trauer – oder welches Gefühl auch immer damit verbunden ist – zu verabschieden. Schließe Frieden!

Nochmals zu Stapel 2: Dinge, die noch gut sind, die du persönlich aber nicht mehr benutzt, musst du nicht wegwerfen. Dich von Dingen zu befreien, bedeutet nicht zwangsläufig, die Müllberge zu vergrößern. Verschenke oder verkaufe überzählige Ware! Andere Menschen freuen sich darüber. Du kannst dir einen Stellplatz auf einem Flohmarkt mieten und dir dort einen lustigen Verkaufstag machen, vielleicht auch eine Menge Leute kennenlernen. Du kannst die Sachen im Internet anbieten – zum Verkauf oder umsonst. Oder du packst sie in einen großen Karton und gibst sie bei einer Sozialorganisation ab, die sich dann um die Aufteilung kümmert. Es ist ein gutes Gefühl, sich selbst Luft zu schaffen und anderen damit auch noch eine Freude zu bereiten.

Und nun zu Stapel 3: Hier liegen die Gegenstände, bei denen du dir nicht sicher bist. Eigentlich brauchst du sie zwar nicht mehr, aber du willst oder kannst dich noch nicht von ihnen trennen. Vielleicht willst du die Sachen ja im nächsten Jahr wieder anziehen oder benutzen? Vielleicht aber auch nicht. Packe alles in einen Karton, und stelle ihn in den Keller, in einen großen Schrank oder in den Abstellraum.

Schreibe das Datum deines Sortier-Tages auf den Karton, und mache dir eine Notiz in deinem Kalender – nächstes Jahr um die gleiche Zeit. Innerhalb eines Jahres durchläuft ein Mensch den Zyklus aller seiner Tätigkeiten.

Wenn es sich dabei um Dinge von guter Qualität handelt, kann es sich durchaus lohnen, diese auch im Anschluss über einen längeren Zeitraum hinweg aufzubewahren, auch dann, wenn man sie aktuell nicht benötigt oder benutzt. Eine coole Jacke kann in 15 Jahren wieder in sein, eine stylishe Leuchte kann ein Klassiker werden. Bewahre solche Dinge aber nur auf, wenn du wirklich ausreichend Platz hast. Wenn nicht, sollte dir der Raum, den du durch das Weggeben gewinnst, wichtiger sein. Trenne dich also davon. Tröste dich damit, dass du all das auf Flohmärkten oder im Internet wiederfinden kannst, wenn du es eines Tages tatsächlich wieder unbedingt haben willst.

Hast du die Gegenstände aus der Kiste ein Jahr lang, durch alle Jahreszeiten hindurch, nicht benutzt, dann brauchst du sie nicht wirklich. Du kannst dich getrost davon trennen, ohne sie nochmals anzuschauen. Traue dich, ohne sie zu leben. Also weg damit! Denn Ausmisten befreit die Seele. Gönne dir diese schöne Erfahrung. Sieh es nicht als Arbeit, sondern als Bereicherung.

Das Sortieren ist der erste Schritt. Wenn du mehr Raum hast, wird auch das Ordnunghalten einfacher. Bald wirst du nicht nur dein Zuhause lieben, sondern auch die Arbeit, die damit verbunden ist. Sieh sie als etwas, was du für dich selbst tust und als etwas, mit dem du dir eine große Freude machst.

Ordnung gibt es jedoch nicht nur im räumlichen Sinne. Auch die Zeit will in Ordnung gehalten werden. Doch was machen die meisten Menschen mit ihrer Zeit? Sie treiben gehetzt durchs Leben. Im Laufschritt jagen sie von einem Termin zum anderen, von einer Aufgabe zur nächsten, zwischendurch noch rasch dies erledigt, noch schnell jenes eingekauft, hier angerufen, dort abgesagt, immer außer Atem und immer mit dem nagenden Gefühl, wieder nicht alles geschafft zu haben. Wieder ist der Tag vorbei, und wieder ist so vieles liegen geblieben. Der Stress, der sich dabei aufbaut, ist groß, der Frust ist es auch. Am Feierabend, der keiner ist, werden hektisch Gedanken und Sorgen gewälzt, wie das am nächsten Tag wohl alles zu schaffen wäre. Da werden schon mal die Sinne mit

Alkohol und Fernsehen betäubt, um nur ja nicht dem inneren Gedankenkreisel zuhören zu müssen.

Der Schlaf ist dünn und wenig erholsam. Du wachst erschöpft auf, wenn der Wecker klingelt, und auf geht es in eine neue Runde. Endlich Wochenende. Doch ob das gemütlicher ist? Meist ist der Samstag vollgepackt mit Aufgaben wie Einkaufen, Wohnung putzen, Gartenarbeit oder Auto waschen. Ein bisschen bleibt vielleicht noch für den Sport übrig – wenn nicht auch dieser schon zur ungeliebten Pflichtübung geworden ist. Irgendwann ist schließlich der Jahresurlaub da. Zeit zum Ausspannen, zum Erholen, finden auch hier viele Menschen nicht, wenn sie zu denen gehören, die auch die freien Tage des Jahres mit Terminen und Aktivitäten vollpacken.

Wenn du es liebst, ständig unter Druck zu sein, dann nur zu. Und, nein, daran sind nicht nur die anderen schuld, die Firma, die Familie, die Freunde. Vieles von dem Stress ist selbstgemacht. Wenn du es gern gemütlicher hättest und unter dem ständigen Druck leidest, dann solltest du umgehend etwas Grundlegendes an deiner Lebensweise ändern. Denn wann willst du dich erholen? Wann die Seele baumeln lassen? Wenn du in Rente bist? Oder vielleicht erst, wenn du unter der Erde liegst? Das kann schneller gehen, als gedacht, wenn du in diesem Tempo weitermachst. Zeit ist kostbar. Sie gehört zu den wertvollsten Geschenken, die wir haben. Und wir rasen durchs Leben, als würden wir verfolgt. Von wem eigentlich? Sind die Termine wirklich so wichtig? Müssen wir uns jeden Tag so mit Aktivitäten vollpacken, dass kein Freiraum mehr bleibt?

Wie schön wäre es doch, am Morgen ausgeschlafen aufzuwachen. In Ruhe zu frühstücken. Mit Spaß seiner Arbeit nachzugehen. Dann den Feierabend zu genießen – zusammen mit der Familie, mit Freunden oder gemütlich ganz für sich allein, mal aktiv, mal passiv, ganz nach Lust und Laune eben. Schließlich entspannt und guter Dinge schlafen zu gehen und in einen tiefen Schlummer zu fallen. Das alles soll ein Traum sein? Ein unerfüllbarer Wunsch? Wieso eigentlich? Solch ein Leben ist machbar! Du hast es in der Hand. Die Zeitplanung macht's.

Die meisten Menschen haben deshalb Stress in ihrem Alltag, weil sie sich zum einen zu viel aufladen und zum anderen zu schlecht organisiert sind. Für Ersteres gilt es, das Neinsagen zu lernen. Für Letzteres gilt es, eine gute Organisation zu lernen.

Das Geheimnis liegt nicht darin, die äußeren Umstände in deinem Leben zu verändern. Du musst weder die Familie verlassen, noch den Job kündigen oder umziehen. Nein, es ist viel einfacher. Das Geheimnis liegt in einer vernünftigen Zeitplanung.

Schaue dir doch einmal einen deiner üblichen hektischen Tage genauer an. Achte darauf, wann der eigentliche Stress beginnt. Du nimmst dir beispielsweise vor, an einem bestimmten Nachmittag dies und jenes zu tun. Das wäre auch problemlos machbar – wenn nicht etwas dazwischenkommen würde. Und es kann so einiges passieren: Der Drucker geht kaputt, du musst sofort los und einen neuen besorgen. Oder: Die Waschmaschine ist defekt, du musst den Monteur anrufen und zu Hause bleiben, weil er jeden Moment eintreffen kann. Oder: Das Auto streikt, du musst die Bahn nehmen. Oder: Die Bahn streikt, du musst eine Mitfahrgelegenheit organisieren. Oder: Dein Kind hat Zahnschmerzen, du musst es zum Zahnarzt fahren. Oder: Dein Kind bringt ein paar Schulfreunde mit nach Hause, du kannst die Gruppe unmöglich allein lassen. Oder: Plötzlicher Kopfschmerz vermiest dir das klare Denken. Oder: Eine Freundin ruft an und hält dich mit ihrem Liebeskummer eine geschlagene Stunde am Telefon auf. Oder: Überraschend haben sich Bekannte zum Abendessen eingeladen, du musst also noch einkaufen gehen.

Das sind Ausnahmefälle, glaubst du? Nein, das sind sie nicht. Solche und ähnliche Dinge geschehen täglich, bei allen Menschen. Das Leben ist so! Es ist immer für Überraschungen gut. Und es stellt uns täglich vor neue Herausforderungen. Im Grunde sind es Kleinigkeiten, die man durchaus managen kann. Wenn du deine Zeit jedoch so eng verplanst, dass du keine Luft mehr hast, dann gerätst du schon bei einem einzigen dieser Punkte ins Trudeln. Geschweige denn, wenn ein bisschen etwas zusammenkommt und zwei oder drei Dinge passieren. Selten sind es mehr, davon kannst du ausgehen. Denn wenn es mehr sind, dann ist das eine so große und seltene Ausnahme, dass man dir verzeihen wird, wenn du diesmal deine Termine nicht einhalten kannst. Auch du selbst wirst dann gelassener mit dir umgehen und dich in dem Bewusstsein, in einer Ausnahmesituation zu stecken, nicht zusätzlich hetzen. Da ist man bereit und fähig, das Äußerste zu leisten. Das geht nicht immer, und das musst du auch nicht. Der Normalfall ist viel leichter. Den musst du aber täglich leben, und den solltest du dir daher so gesund und schön wie nur möglich gestalten.

Deshalb: Baue von vornherein Lücken in deinen Zeitplan mit ein. Schiebe »Luftblasen« zwischen deine Termine. Rechne damit, dass auch heute etwas Ungeplantes passieren wird. Wenn es eintrifft, hast du Zeit, dich darum zu kümmern. Eine Panne ist dann plötzlich gar nicht mehr so schlimm, weil du dadurch nicht aus dem Konzept geworfen wirst. Deiner Freundin kannst du aufmerksam zuhören, weil du nicht wie auf Kohlen sitzt. Über Besuch freust du dich, weil ja nichts Dringendes liegen bleibt. Und so weiter. Das Leben macht dir wieder Spaß, mit allem, was kommt.

Das heißt, du musst zuerst von dem bis ins letzte ausgefüllte Tagespensum herunterkommen. Dazu beobachtest du dich eine Woche lang. Was tust du jeden Tag, was davon wiederholt sich, und wie lange brauchst du dazu? Mit der Zeit wirst du deine Eigenheiten kennenlernen. So kannst du feststellen, dass du ein Typ bist, der auch in der Freizeit das Gleichmaß liebt. Zu bestimmten Zeiten aktiv zu werden und zu bestimmten Zeiten zu ruhen, tut dir gut. Vielleicht gehörst du aber auch zu den Menschen, die ihre freie Zeit täglich neu planen. Einmal machst du gleich nach dem Aufstehen Sport und ruhst am Nachmittag. An einem anderen Tag liebst du es, den kompletten Vormittag zu verdaddeln. Abends dagegen läufst du zur Hochform auf und stellst die ganze Bude auf den Kopf. Warum auch nicht! Mache es, wie es dir entspricht. Aber beobachte dich. Nimm deine Tagesabläufe bewusst wahr.

Beachte auch scheinbare Kleinigkeiten, wie »eine Stunde telefonieren«. Denn wenn du das gern tust, dann wirst du es wieder tun und wieder »eigentlich« keine Zeit haben. Es geht hier nicht darum, deine Aktivitäten zu bewerten. Sport kann genauso wichtig sein wie Rasen mähen, Shoppen oder Telefonieren. Bei dieser Art des Zeitplanens geht es rein darum, herauszufinden, wie lange du wofür brauchst. Wenn du das einmal weißt, machst du dir einen neuen Zeitplan, aber einen mit schönen, großen Lücken, den »Luftblasen«, für das Unvorhersehbare im Leben.

Ein Beispiel: Du weißt, dass du jeden Donnerstag nach der Arbeit zum Sport gehst. Oft wird es knapp, weil du nie weißt, ob du nicht eine Überstunde machen musst. Meist musst du auch noch einkaufen, und schon fängt das Gehetze an. Hier setzt du an: Plane das Einkaufen grundsätzlich nicht am selben Tag ein wie den Sport. Kaufe so ein, dass du an diesem Tag immer genug zu essen zu Hause hast, selbst wenn nach dem Sport noch Freunde auf einen Snack zu dir kommen. Denke nicht: »Das schaffe ich auch noch«. Tust du eben nicht, weil auch diesmal etwas dazwischen kommen wird.
Und wenn nicht? Dann schaust du auf deine Liste und erledigst etwas, was am nächsten Tag fällig gewesen wäre.
Spare dir keine Aufgaben auf. Habe keine Angst, dass du in ein Loch fällst, weil dir die Aktivitäten ausgehen. Das Leben sorgt schon dafür, es füllt die »Luftblasen« – und wenn dir selbst etwas Neues einfällt. Probiere dann etwas aus, was du noch nie gemacht hast. Tue etwas, wozu du sonst keine Zeit hast. Vielleicht ist das, eine Kunstausstellung zu besuchen. Oder mitten unter der Woche zum Schwimmen zu gehen. Sich massieren zu lassen. Durch einen Wald zu spazieren. Oder einmal gar nichts zu tun. Nur zu schauen und wahrzunehmen. Nimm diese Zeit als Geschenk.

Es lässt sich üben, mit freier Zeit umzugehen, genauso wie mit freiem Raum. Wir brauchen die Fülle genauso wie die Leere. Kein Bereich darf zu kurz kommen. Die Balance zu finden, bringt den wahren Segen. Und für alles gibt es den richtigen Zeitpunkt. Das gilt auch in Bezug auf die Ordnung in unserem Zuhause. Es gibt Zeiten zum Aufräumen und Zeiten zum Ruhen. Die meisten Menschen machen es so: Sie räumen auf und sind dabei missmutig. Sie sehnen sich nach Ruhe und bringen das Aufräumen als lästige Tat hinter sich. Das strengt an. Oder sie legen sich aufs Sofa zum Entspannen, nehmen aber die Unordnung wahr und finden daher nicht wirklich zur Ruhe. Das stresst doch schon wieder!

*Die Kunst ist es, während des Aufräumens
mit Hingabe aufzuräumen und während des Ruhens
mit derselben Hingabe auszuruhen.*

Es gibt Phasen der Aktivität und Phasen der Entspannung. Lerne beides zu schätzen, lerne beides zu würdigen. Denn beides ist wichtig. Ein Ganzes entsteht nicht daraus, dass du dich für Aktivität oder für Entspannung entscheidest, sondern daraus, dass du beides in dein Leben lässt. Mal braucht es Stille, mal braucht es »Action«. Nicht ein Extrem, sondern beides zusammen macht ein gutes Leben aus.

Unser gesamtes Leben verläuft schließlich in einem Rhythmus. Die Sonne gibt den Rhythmus der Jahreszeiten vor und den Rhythmus von Tag und Nacht. Der Mond bestimmt den Rhythmus von Ebbe und Flut. Wir atmen ein, wir atmen aus. Alles auf der Erde ist einem beständigen Wandel unterworfen, aber einem rhythmischen Wandel. Das gilt es zu akzeptieren. Dann nämlich lässt sich leichter und gekonnter damit leben. Wir können die Kraft, die in dieser beständigen Veränderung verborgen liegt, zu unseren Gunsten nutzen. Lausche einmal darauf, wann es sich gut anfühlt, dich zu entspannen und wann du dich aktiv und unternehmungslustig fühlst.

Beides ist wichtig – die Aktivität und die Passivität, das Tun und das Nichtstun, das Einatmen und Ausatmen, das Geben und Nehmen. Hast du diese Balance einmal gefunden, dann lebst du viel stressfreier. Du findest deine beste Zeit für Aktivitäten. Du könntest unterwegs sein, du könntest ein Menü kochen oder einen Kuchen backen. Du könntest Sport machen oder den Garten umgraben. Vielleicht möchtest du in einer dieser Phasen auch dein gesamtes Zuhause umgestalten. Vielleicht reizt es dich, die Möbel umzustellen, vielleicht braucht eine Wand eine neue Farbe. Lege los, rücke Schränke, streiche Wände, oder beauftrage Fachleute. Du wirst deinen Spaß daran haben, du wirst es richtig gern tun.

In dieser Balance findest du aber auch deine beste Zeit für Ruhephasen. Du könntest dich in die Badewanne legen. Du könntest lesen oder meditieren. Lade Freunde ein, rede, höre zu. Oder tue nichts. Du wirst es genießen können, ohne schlechtes Gewissen und so, dass es dich bis in jede Faser deines Wesens erfüllt.

Über das Gesamtergebnis wirst du dich freuen. Das Selbstbewusstsein wächst, wenn man seine Tatkraft einsetzt und Projekte verwirklicht. Und das Selbstbewusstsein wächst auch, wenn man sich Entspannungsphasen gönnt, also Freiraum und Freizeit.

Vergangenheit, Gegenwart und Zukunft im Haus

Noch einmal geht es um den Ballast im Haus. Wer zu viel sammelt, so viel sollte klar sein, tut sich keinen Gefallen. Wer glaubt, das, was er im Keller, im Speicher oder in Abstellräumen lagert, was er also nicht direkt vor Augen hat, würde ihn nicht stören, der irrt.

Nicht zufällig gilt das Haus als die dritte Haut eines Menschen. Es lässt sich als ein Symbol des Lebens sehen. Die Ebenen eines Hauses lassen sich mit den Ebenen in unserem Bewusstsein in Verbindung bringen. So steht im übertragenen Sinn der Keller für die Vergangenheit, das Unterbewusstsein. Das Erdgeschoss symbolisiert die Gegenwart, die Alltagswelt. Und der Raum unter dem Dach, der Speicher steht für die Zukunft, die Träume und Wünsche der Bewohner.

Ein traditionelles Haus besteht aus Keller, Erdgeschoss und Speicher. Hier ist die Aufteilung klar ersichtlich. Was aber ist mit Häusern, die nicht unterkellert sind oder die ein Flachdach haben? Oder was ist mit Wohnungen, die weder einen Kelleranteil noch einen Speicher besitzen? In diesen Fällen übernehmen Abstellräume oder große Schränke deren Funktion. Alles, was oben aufbewahrt wird, gilt als Speicher, alles, was unten aufbewahrt wird, als Keller.

Im Keller lagern die Vorräte. Das ist wörtlich zu nehmen, gilt er doch in langer Tradition als idealer Aufbewahrungsort für Nahrungsmittel. Die »Vorräte« sind aber auch im übertragenen Sinn zu verstehen: Unsere geistigen und seelischen Vorräte sind das Wissen, das wir uns angeeignet haben und mit dem wir arbeiten können. Dazu zählen auch die Erfahrungen, die wir in unserem Leben gemacht haben. Auch sie sind in unserem Unterbewusstsein abgespeichert, wir können auf sie zurückgreifen. Weiter zählt dazu die Erfahrungswelt unserer Ahnen, denn von diesem Wissen können wir ebenfalls zehren. Der Keller symbolisiert die Vergangenheit und das Unterbewusstsein. Hier wird gelagert und gespeichert – Vorräte für den Körper und im übertragenen Sinne Wissen für den Geist und Erfahrungen für die Seele.

Der Raum direkt unter dem Dach, der Speicher, wird dazu benutzt, um Sachen aufzubewahren. Alte Ordner, Kinderspielzeug, Saisonware wie Skiausrüstung und Stiefel im Sommer und Badesachen oder Gartenliegen im Winter. In der Zukunft brauchen wir die Dinge wieder. Dafür ist ein Speicher da.

Ist der Speicher ausgebaut und wird zum Wohnen benutzt, werden meist Kinderzimmer hier eingebaut. Das ist ideal, denn schließlich sind Kinder die personifizierte Zukunft. Auch ist das Dachgeschoss ein perfekter Ort für ein Schlafzimmer. Beim Schlafen und Träumen können wir die Eindrücke des Tages verarbeiten und wertvolle Hinweise für die Gestaltung unserer Zukunft erhalten. Ein Arbeitszimmer unter dem Dach zu platzieren, ist ebenfalls eine gute Idee. Es lassen sich hier wunderbar Pläne schmieden und Visionen für die Zukunft entwickeln. Schon mancher hat auch, entspannt in der Badewanne liegend, die besten Ideen eingefangen – keine Frage also, dass das Dachgeschoss auch ideal für ein Badezimmer ist. Grandios eignet sich außerdem ein Meditationsraum unter dem Dach. Insbesondere der Spitzboden verleiht durch seine Dachschrägen eine Atmosphäre, die an eine Kathedrale erinnert oder an einen Berg, der ja auch als Wohnstätte der Götter gilt. Wer Ruhe finden will und zu sich kommen, zieht sich hierhin zurück. Das Dach symbolisiert die Zukunft, das übergeordnete Bewusstsein.

Das Alltagsleben findet im Erdgeschoss statt. Nicht unter der Erde, nicht hoch in den Wolken, sondern auf dem Boden. Auf dieser Ebene ist man auf dem Boden der Tatsachen, in der Realität eben. Das tägliche Leben,

die ganz normalen Geschäftigkeiten laufen hier ab – ein sinnvoller Ort für Küche, Esszimmer und Wohnzimmer. Hier trifft sich die Familie, hier findet die Begegnung mit Freunden und Gästen statt, hier ist alles lauter und turbulenter. Das Erdgeschoss ist die aktive Zone des Hauses. Es symbolisiert die Gegenwart, die reale Welt.

Gehe mit diesem Bewusstsein durch die Ebenen deines Hauses, und schaue dich um. Welchen Bereich deines Hauses nutzt du verstärkt? Welchen magst du nicht? Und welchen Bereich in deinem Leben lässt du brachliegen? Wenn du in einer Wohnung lebst: Wie sieht es mit den Schränken und Abstellräumen aus, die die Bewusstseinsebenen symbolisieren? Sind sie leer, sind sie übersichtlich geordnet oder rettungslos überfüllt?

Ballast im Erdgeschoss heißt, dass man die Alltagsdinge nicht auf die Reihe kriegt. Dass zu viel liegenbleibt, zu viel versäumt wird. Dass es ständig Stress gibt und man nur am Hinterherjagen ist und am Aufarbeiten. Dass zu viel auf später verschoben wird, auch das Schöne im Leben: »Später mache ich dies und mache ich jenes.« Doch wann ist später – wenn die Kinder groß sind, wenn man die Trennung vom ungeliebten Partner geschafft hat oder wenn man in Rente ist?

Ballast im Speicher, im Dachgeschoss wirkt, wie wenn man etwas lernt, es aber nicht nutzt. Oder wenn man mal eine Idee hat, sie sich aber nicht verwirklichen kann, weil man zu viele Gründe dagegen findet – im direkten Sinn stehen vielleicht zu viele Kisten dort. Wird der Speicher mit unbrauchbaren Sachen vollgestellt, weil wir uns nicht davon trennen können, tun wir uns damit keinen Gefallen. Die Kisten wirken wie Hindernisse. Sie blockieren unsere Ideen und machen uns müde. Bildlich gesehen nehmen wir uns damit den Raum, uns in der Zukunft frei entfalten zu können.

Ballast im Keller wirkt wie ein Erbe, das belastet. Vielleicht steht man nicht zu der Familie, in die man hineingeboren wurde. Oder man möchte sich mit der eigenen Vergangenheit partout nicht auseinandersetzen. Das ist dann tatsächlich die sprichwörtliche »Leiche im Keller«. Dieser Druck ist es, der auf der Seele lastet.
Mit dem Wissen, dass die unterschiedlichen Bereiche eines Hauses mit den Bewusstseinsschichten zu tun haben, kommt es dir vielleicht bedenklich vor, in einem dieser Bereich zu viel Ballast anzusammeln. Der Ballast im Haus hat eine ganze Menge mit dem Ballast im Leben zu tun. Genau diese dunklen Punkte in unserem Leben sind es, die lähmend wirken, das Ungeklärte, das Angst macht, das man nicht anschauen will oder wo man nicht hinschauen kann. Um diese Lähmung in deinem Inneren zu überwinden, wäre es das Einfachste, in deinem äußeren Umfeld ein Zeichen zu setzen: Räume auf, sortiere aus, und zwar gründlich! Weiteres Sammeln wäre ein unverantwortliches »Zumüllen« der eigentlichen Bedürfnisse.

Wenn du vor lauter Ballast nicht weißt, wo du anfangen sollst, dann gehe nur mal aufmerksam durch deine Räume, und schaue dich um. Was gefällt dir? Wo geht dein Herz auf? Wo wird es schwer? Woran hängst du? Was würdest du gern loswerden? Welche Räume und Ecken magst du? Und wo hältst du dich so gut wie nie auf?
Schon weißt du, wo du anfangen kannst, Ordnung zu schaffen: Dort, wo es sich schwer anfühlt und dunkel ist. Jetzt weißt du auch, wo du wieder Kraft findest: Dort, wo du dich wohlfühlst und sich die Energie leicht und heiter anfühlt.

Umzug – Abschied und Neubeginn

Was machen die meisten Menschen, wenn sie feststellen, dass ihr Leben nicht so läuft, wie sie es gern hätten? Sie ziehen um. Oder sie sehnen sich zumindest nach einem Umzug. Woanders wird es sicherlich besser sein. Eine neue Wohnung, eine neue Stadt, ein neues Glück? Umziehen für ein besseres Leben – funktioniert das? Ist es woanders wirklich besser? Bestimmt hast du schon einmal Sätze wie diese gehört oder selbst gesagt: »Wenn ich in einer Großstadt wohnen würde, dann hätte ich viele Möglichkeiten. Hier auf dem Land ist nichts los, da kann ich mich nicht entfalten, meine Talente werden nicht gewürdigt.« Oder so: »In der großen Stadt fühle ich mich einsam. Kein Mensch kümmert sich um den anderen. Auf den Dörfern ist das noch anders. Würde ich dort wohnen, hätte ich viel mehr Anschluss.« Oder so: »Im Süden ist alles leichter. Die Sonne würde mir Kraft geben, ich könnte jobben und ein viel fröhlicheres Leben führen. Hier bei dem ständig schlechten Wetter fühle ich mich nur noch eingesperrt.«

Liegt es wirklich an der Größe eines Ortes und an der geografischen Lage, ob man Anschluss findet, sich verwirklichen kann und gut drauf ist?

Höre dir auch folgende Begründung für einen Umzug an: »Hier ist alles doof. Der Ort ist hässlich, die Leute sind komisch. Keiner mag mich, ich werde gemobbt und ausgegrenzt. Ich will nur noch weg.« Was denkst du – soll er sich doch einen schöneren Ort mit netteren Menschen suchen? Oder denkst du, dass es vielleicht auch an ihm selbst liegen könnte? Wird er in der Lage sein, woanders Schönheit zu erkennen und Freundlichkeit auszustrahlen und zuzulassen?

Manche Menschen jammern zeitlebens und träumen von dem besseren Leben in einer anderen Umgebung. Andere packen ihre Siebensachen und ziehen um. Dorthin, wo sie das Glück vermuten. Diese praktische Umsetzung der eigenen Wünsche ist zumindest besser als in ewiger Sehnsucht zu verharren. Doch ob sie das Glück auch finden? Es kann ein Trugschluss sein. Um ein böses Erwachen zu vermeiden: Schaue genau hin!

Wenn du dich nach einem Umzug sehnst oder gar nach dem Auswandern: Wie steht es eigentlich mit deinen Heimatgefühlen? Vielleicht hört sich der Begriff »Heimat« für dich eher altertümlich an, nicht wirklich zeitgemäß. Oder fühlst du die Schwingung von Vertrautheit, von Sehnsucht und Wärme, wenn du an »Heimat« denkst?
Globalisierung ist weitaus moderner, als Heimatgefühle zu entwickeln. Es ist in, sich wie selbstverständlich auf der ganzen Welt zu bewegen und keine Scheu zu haben vor fremden Kulturen. Ob Shanghai, New York, Berlin oder Abu Dhabi darf keinen Unterschied machen. Man soll sich überall auskennen und am besten überall zu Hause sein. Für viele Menschen ist dies längst der Ist-Zustand.
Was bedeutet da schon das Café an der Ecke, in dem sie sich jahrelang mit Schulfreunden getroffen haben? Wie unwichtig erscheinen die Erinnerungen an das Haus der Großeltern und ihren liebevoll gepflegten Garten. Oder die Begegnungen mit der netten Verkäuferin, die seit Jahren den Kiosk betreibt, genauso wie der ständig grummelnde Banker, der seine Kunden immer so misstrauisch beäugt.
Dies alles lieben aber sie, die heimatverbundenen Menschen unter uns. Sie schätzen und bewahren ihre kleine Welt. Es gibt sie, die Menschen, die unbedingt eine feste Scholle brauchen. Auch wenn der Trend der

Zeit noch so sehr in die andere Richtung geht. Ihr Wesen drängt von der Anlage her mit allen Fasern in Richtung Heimat und Wurzeln. Für diese Menschen also bedeutet Heimat viel: Freunde, Gemeinschaft, Erinnerungen, Häuser und Plätze. Der Begriff »Heimat« steht eben nicht nur für die Herkunft. Heimat bedeutet auch Zugehörigkeit. Es ist wie eine Erweiterung des Ich – es ist das Wir.

Jede Region hat ihre Besonderheit – ihre Sprache, ihren Kleidungsstil, ihren Baustil, ihre Musik, ihre Gebräuche. Überall gibt es landschaftliche Schönheiten und kulturelle Sehenswürdigkeiten. All dies prägt eine Region und hebt sie so aus der Masse heraus. Wer dort geboren oder aufgewachsen ist, kann sich als Individuum von dieser Kraft mittragen lassen und sich als Teil der regionalen Besonderheit fühlen. Eine weitere Abgrenzung zur Masse der Weltbevölkerung braucht es dann meist nicht mehr. Die Wurzeln sind definiert und gefestigt.

Ein *Umzug* kann somit auch eine FLUCHT sein.

Eine Flucht vor Erfahrungen, eine Flucht vor sich selbst. Eine Flucht vor dem, womit man sich in der gegenwärtigen Situation nicht auseinandersetzen will.

Nun gibt es aber auch viele Menschen, die ihre Heimat nicht mit ihrer Herkunft gleichsetzen wollen oder können. Vielleicht, weil sie früh ihre Heimat verlassen haben oder weil sie nie lange genug an einem Ort geblieben sind, um Bindungen aufzubauen. Vielleicht auch, weil sie von ihrer Persönlichkeit her so angelegt sind, dass sie sich tatsächlich eher in der großen Welt zu Hause fühlen als in einem überschaubaren Umfeld. Die Sprache und Kultur der Leute in ihrer Umgebung teilen sie nicht. Sie sind anders, sie gehören nirgends richtig dazu. Solche Menschen sagen häufig, sie hätten keine Heimatgefühle. Sie seien da zu Hause, wo sie das Schicksal hinspült oder wo ihre Freunde sind. Bei ihnen finden sie das Gefühl der Zugehörigkeit. Finden sie dort aber auch Halt? Denn um den Stürmen des Lebens zu trotzen, brauchen wir Halt – und den schenken uns in erster Linie die Wurzeln. Eine Verwurzelung brauchen auch die »global« angelegten Menschen. Jeder braucht Wurzeln. Dadurch lässt sich ungeheuer viel Lebenskraft aufnehmen. Die Wurzeln sind die Urkraft, die uns mit der Erde und dem Leben selbst verbinden.

Wer meint, keine Heimat zu brauchen, irrt sich. Heimat im Sinne von Engagement bei örtlichen Vereinen oder im Sinne von Wohnen am Geburtsort braucht tatsächlich nicht jeder. Heimat im Sinne von Verwurzelung aber schon, denn Wurzeln geben Kraft, Standfestigkeit und Mut. Wurzeln lassen Stürme überstehen.

Wo genau wir unsere Heimat definieren, hängt nicht mehr von unserer Herkunft ab. In unserer freien Welt haben wir die Wahl. Wir dürfen uns aussuchen, wo wir unsere Heimat sehen – unsere Wahlheimat. Das ist ein wertvolles Angebot unserer Zeit.

Für uns alle hat sich etwas verändert. Heimat, das kann unsere Erde werden. Das Bewusstsein, dass wir zum gegenwärtigen Zeitpunkt nur diesen einen Planeten haben, dass er wunderbar und einzigartig ist und dass wir ihn mit Achtung, mit Sorgfalt und mit Liebe behandeln sollen, das darf in allen Menschen wachsen. Jeder kann so dazu beitragen, die Erde zu unser aller Heimat zu machen.

Wer extrem heimatverbunden ist, aber dort nicht leben kann, aus welchen Gründen auch immer, sollte seine alte Heimat würdigen und sich bewusst seiner neuen Heimat zuwenden. Ein kleines Ritual kann helfen: Er nimmt einen Batzen Heimaterde mit in sein neues Zuhause und pflanzt darin einen Baum ein oder etwa einen Rosenstrauch – als Zeichen, dass er gewillt ist, sich hier zu verwurzeln.

Es gibt sie, die gewollten und glückbringenden Umzüge. So kann mit der neuen Heimat ein Traum in Erfüllung gehen. Vielleicht weil dadurch eine große Liebe gelebt werden kann, weil der Traum eines eigenen Hauses verwirklicht wird oder ein interessanter Arbeitsplatz wartet. Vielleicht lockt auch die Suche nach neuen Anregungen und nach neuen Erkenntnissen. Viele Talente regen sich im Innersten. Um sie zu fördern, ist ein anderer Raum nötig, eine andere Umgebung – mehr ruhige Natur oder mehr städtischer Trubel, ein großes Haus oder ein kleines Appartement.

Eine neue Umgebung kann also auch äußerst hilfreich sein. Jeder Ort hat schließlich sein eigenes Energiefeld. Der eine Ort kann Ruhe und Erholung schenken, ein anderer Ort fühlt sich sprudelnd an wie ein Springbrunnen, der nächste fördert die Verbindung zu spirituellen Energien, wieder ein anderer macht eine starke Erdung und Verwurzelung möglich. Ein Umzug kann in diesem Fall dabei helfen, eine neue Energieform ins Leben zu integrieren, neue Bereiche in sich zu entdecken und hervorzubringen. Ein echter Segen ist ein Umzug, wenn er mit frohem Herzen und offenem Geist gestartet wird. Du spürst es, wenn sich der alte Wohnort ausgelaugt anfühlt, so als wäre kein Funken Energie mehr übrig. Alles dreht sich dort im Kreis. Was du lernen konntest, hast du gelernt. Dem Ort selbst und seinen Bewohnern bist du dafür von Herzen dankbar. Sie schätzen seine Besonderheit. Jetzt aber hilft nur weiterziehen, willst du nicht steckenbleiben, sondern neue Erfahrungen machen und die eigenen Grenzen sprengen. In der gewohnten Umgebung die alten Schubladen zu verlassen, fällt oft viel schwerer als neu einzufädeln. Die alten Muster wirken stark und bindend. Eine neue Umgebung erfordert, dass man seine Gewohnheiten aufgibt. Daher ist die Gefahr, nach Schema F zu reagieren, viel geringer. Sich zu verändern kann leichter sein.

Durchaus gibt es also viele gute Gründe für einen Umzug. Aber: Umziehen kann auch zur Gewohnheit werden. Wie andere die Stelle wechseln, wenn die Kollegen wieder mal nur mobben und der Chef nervt. Und wie manche zum x-ten Mal den Partner wechseln, wenn sich herausstellt, dass auch dieser kein Prinz war, sondern doch nur ein Frosch. Beim nächsten Arbeitsplatz, Partner und Wohnort wird alles besser, ganz bestimmt. Oder doch nicht?

Mit einem Umzug kann man den Verstand gut beschäftigen und die Seele ablenken. Schon die Wohnungssuche und Vorbereitung brauchen Zeit und Aufmerksamkeit. Dann muss man die neue Wohnung einrichten, die alte renovieren, muss sich um Möbel und Accessoires kümmern, muss Handwerker beauftragen, Konten und Adresse ummelden, kurz und gut: Es gibt viel zu tun. Das lenkt ab. Von sich selbst und den Aufgaben, die in der Entwicklung aktuell anstehen.

Die meisten Menschen reagieren wie auf Knopfdruck: Fühlen sie sich nicht wohl und stimmt etwas in ihrer Umgebung nicht, haben sie ihr Urteil rasch gefällt: Es liegt an den anderen. Sie selbst fühlen sich abgelehnt, wenden sich enttäuscht ab und suchen ihr Glück anderswo.

Sie vergessen ganz, dass die Umgebung ein ausgezeichneter Spiegel ist und glasklar die eigenen Schattenseiten und Unzulänglichkeiten spiegelt. Was man an den anderen so verurteilt, liegt in einem selbst begraben. Darüber sollte sich jeder im Klaren sein: Man kann nicht vor sich selbst davonlaufen. Keiner kann das. Man nimmt sich selbst immer mit. Und zwar überallhin.

Konflikte aus deinem Inneren, die du am alten Wohnort nicht lösen konntest, wirst du an den neuen Ort mitnehmen. Das Leben ist zäh und geduldig. Die äußeren Umstände mögen sich ändern, die Herausforderungen in deinem Inneren jedoch bleiben dieselben. Fühltest du dich am alten Ort in deiner Entfaltung behindert, wirst du auch am neuen Wohnort tausend Gründe finden, warum die Selbstverwirklichung warten muss. Gab es in der alten Wohnung Streit mit den Nachbarn, wirst du auch in der neuen Wohnung Konflikte mit der Umgebung zu bestehen haben. Der Grund: Du strahlst dieselben Energien aus – dieselbe Wut, dieselbe Kritiksucht, dieselbe Weinerlichkeit.
In manchen Fällen ist es besser, zu bleiben und auszuharren. Gerade wenn du Fluchttendenzen bei dir feststellst, solltest du versuchen, diesem Drang einmal nicht nachzugeben. Wenn sich das Verhaltensmuster wiederholt, dass du immer das Weite suchst, sobald Schwierigkeiten auftauchen, dann lohnt es sich, zunächst einmal die Beweggründe für deinen Wunsch nach einem Wohnortwechsel zu klären.
Das gilt auch dann, wenn sich der Wunsch nach einem Wohnungswechsel einfach nicht erfüllen lässt. Manche Menschen träumen von einem

Umzug und suchen das Heil nur noch in einem neuen Wohnort. An der alten Umgebung finden sie kaum noch etwas Gutes, in der neuen wäre alles viel besser. Aber es will nicht gelingen, sie finden keinen Nachmieter, keine neue Wohnung, keinen neuen Arbeitsplatz, kurz: Der Umzug ist nicht möglich. Dennoch füllt er das gesamte Denken aus. »Ich will weg. Aber ich kann nicht weg.« Solch ein Gedanke untergräbt deine Wurzeln und dein Vertrauen darin, deine Ziele je erreichen zu können. Wenn der Umzug zu einem scheinbar unerfüllbaren Traum geworden ist, solltest du dich ebenfalls intensiv mit den Hintergründen für deinen Umzugswunsch beschäftigen.

Wenn im Außen gerade keine Veränderung möglich ist, fange innen an. Das heißt: Ändere deine Einstellung. Finde eine neue Sichtweise für deine Lage. Wenn du nicht wegkannst, dann hast du an dem bisherigen Ort noch etwas zu erledigen. Du hast eine Aufgabe, die du wahrnehmen solltest. Vielleicht reicht es schon, den Ort nicht länger schlechtzumachen, sondern die Besonderheit der Menschen dort, die Einzigartigkeit des Ortes und auch seine irgendwie vorhandene Schönheit zu würdigen.
Hast du erkannt, was der Ort zu geben hat, kannst du dafür danken. Und dich auch fragen, was du selbst dem Ort geben kannst. Ist es Licht, das er braucht, sind es Blumen, die du pflanzen kannst, oder sollte der Platz (energetisch) gereinigt und geordnet werden? Brauchen Menschen dort deine Hilfe? Oder möchte dir der Ort noch ein Geschenk machen? Vielleicht gibt es einen Kraftplatz, den du entdecken sollst, Plätze in der Natur oder auch herrliche Bauwerke?
Gehe bewusst durch deine jetzige Umgebung, schenke ihr deine gesamte Aufmerksamkeit. Finde die Besonderheit an deinem alten Wohnort heraus, und erfülle deine Aufgaben – dann kannst du dich auch lösen, leicht und frei wie ein Blatt im Herbst. Du kannst gehen.

Ist die Entscheidung gefallen und der Umzug wird wahr, so weißt du: Jetzt beginnt ein neuer Lebensabschnitt. Das ist auch dann so, wenn du nur die Wohnung und nicht den Ort wechselst. Keine Frage, dass mit der neuen Umgebung jede Menge Wünsche und Hoffnungen, aber auch viele Ängste verbunden sind. Die Gefühle sind in Aufruhr – sie sind mindestens genauso aufgewühlt und durcheinander und müssen genauso neu geordnet werden wie das gesamte Hab und Gut.

Erinnerungen kommen hoch und können dich völlig unvorbereitet überfallen. Immerhin bist du gezwungen, beim Packen jedes Teil in die Hand zu nehmen, jede Schublade, auch die hinterste Ecke im Schrank muss leer geräumt werden. Da kann so manches Stück auftauchen, das vor langer Zeit in der Versenkung verschwinden musste – aus Nostalgie, aus Trauer, aus Wut.

Jetzt musst du dich entscheiden, was du mitnimmst und wovon du dich trennst. Der Zeitpunkt wäre gut gewählt, sich von überflüssigen Dingen zu verabschieden. Schließlich bist du gerade in Aufbruchsstimmung und schaffst es daher in der Regel besser, das Alte loszulassen. Viel Zeit bleibt beim Packen meist sowieso nicht, es muss rasch gehen. Ein kurzer, schneller Abschied fällt leichter, gerade wenn es sich um Dinge handelt. Ein Abschied jedoch muss sein. Gehe nicht einfach, ohne dich nochmals umzusehen. Haste auch nicht überstürzt durch deine letzten Tage im alten Zuhause. Verlasse nicht Hals über Kopf die Heimat. Nimm Abschied.

Bereite deinen Umzug vor. Eine gute Organisation befreit dich vom größten Stress. Alle Methoden, die deiner Seele helfen, das Neue besser zu verarbeiten, können nur wirken, wenn du dich nicht körperlich und geistig so überforderst, dass du vor lauter Hektik und Stress gar nicht mehr aufnahmefähig bist.

Bereite deinen Umzug also gut vor, etwa indem du für genügend Umzugshelfer sorgst. Mute dir selbst nicht zu viel zu. Du hast neben der Organisation auch mit deinen Gefühlen zu tun – mit mulmigen, ängstlichen und mit überschäumenden, freudigen Gefühlen.

Manch einer nimmt leichten Herzens Abschied und stürzt sich mit Begeisterung ins neue Leben. Andere aber trauern ihrer alten Heimat lange nach. Gerade, wenn die Entscheidung nicht ganz freiwillig gefällt wurde, gestaltet sich der Absprung oft schwierig. Anfangs fährst du, sooft es geht, zurück zu deinem alten Wohnort. Irgendwann merkst du, dass du dort nicht mehr hingehörst. Du hast den Alltag mit den Freunden nicht erlebt, warst nicht dabei, als die am Mittwoch spontan gefeiert haben, kannst vielleicht auch nicht jedes Wochenende kommen. Aber solange du mit deinem Herzen am Vergangenen hängst, kommst du in der neuen Welt auch nicht gut zurecht, kannst keine Wurzeln schlagen, findest schwer Kontakt. Statt zu lange in der Zerrissenheit zu leben, solltest du eine Entscheidung für dein neues Zuhause treffen.

Um die wirklich guten Freunde muss man keine Angst haben, die bleiben erhalten, auch auf große Entfernung. Lose Kontakte flauen schnell

ab, doch dafür bauen sich in der neuen Heimat auch wieder Bekannt-
schaften auf. Für die Ausgeglichenheit und das innere Wohlgefühl ist
eine Entscheidung für den aktuellen Wohnort immer günstig. Ansonsten driftet zu viel Energie ab. Die Bindung zur früheren Heimat bindet
Energien, es ist, als werde man von dort gehalten und gesteuert. Löst
man sich, so werden Energieströme freigesetzt. Man kann nun tatsächlich neu anfangen, mit seiner ganzen Kraft. Und noch mal: Die Bindungen zu wahren Freunden werden dadurch nicht gelöst. Herzensbindun-
gen überdauern Raum und Zeit.

Um frei zu sein für Neues, solltest du also bewusst Abschied nehmen.
Schön ist es dazu, noch einmal ein großes Fest zu feiern. Nicht einen Tag
vor dem Umzug, am besten schon einen Monat vorher, wenn noch alles so wie gewohnt ist, alle Zimmer vollständig eingerichtet, noch keine
Aufbruchsstimmung spürbar. Das Fest ist der Auftakt zum Aufbruch. Der
wiederum kann gleich nach diesem Fest beginnen.
Nimm dir aber auch Zeit, bevor der Tag X kommt, dich ganz für dich allein zu verabschieden. Bedanke dich. Bei deiner Wohnung für die Geborgenheit, die sie dir gegeben hat. Bei allen Engeln und Wesenheiten, die
dich beschützt und dir ein angenehmes Zuhause gewährt haben. Auch
wenn dein Leben dort nicht immer nur das reine Vergnügen war, so bot
dir dieses Haus doch eine Zeit lang Schutz und war deine Heimat.
Lasse zum Dank ein kleines Geschenk zurück. Das kann ein Duft sein,
den du sehr magst und nun zum Abschied in der Wohnung versprühst,
das können ein paar Blütenblätter sein, die du ums Haus streust. Es können auch gute Wünsche sein, wie dass dein altes Zuhause wieder Bewohner finden möge, die es pflegen und schätzen. Lasse etwas Gutes
von dir zurück, das eine Weile nachwirkt.
Schwelge, wenn du das möchtest, noch einmal in Erinnerungen, emp-
finde, wie sich Abschiedsschmerz anfühlt. Aber halte dich nicht zu lange
damit auf. Schaue nach vorn, schmiede Pläne!

Im neuen Wohnort angekommen, solltest du kurz innehalten und die
Stadt, die Umgebung, das Haus und die Wohnung begrüßen. Komme
bewusst an. Lächle jeden Raum an, bringe gute Wünsche mit, dass die
Wohnung dir die Geborgenheit schenken möge, wie es ihre Aufgabe ist,
und weder durch Wasser, noch mit Heizung, Wind oder sonstigen Schä-
den dir Ärger machen möge. Bringe auch das Versprechen mit, dass du

dich gut um deine Behausung kümmern wirst, sie pflegst und erhältst. Das ist dein Geschenk für dein neues Zuhause.

Dann hast du sowieso erst mal keine Zeit zum Grübeln, weil jede Menge Arbeit auf dich wartet. Es gibt viel Neues auf einmal. Neue Räumlichkeiten warten auf dich, wollen gestaltet und belebt werden. Die Aufteilung der Wohnung ist anders als bisher. Es wird eine Zeit dauern, bis du dich wieder wie aus dem Effeff zurechtfindest.

Dazu wirst du mit neuen Nachbarn auskommen müssen. Du wirst in einer anderen Gegend wohnen, deren Eigenheiten und Schönheiten du erst kennenlernen musst. Oft ist mit einem Umzug auch der Wechsel des Arbeitsplatzes verbunden. Das heißt, du wirst dich mit neuen Kollegen auseinanderzusetzen haben. Wechselst du in eine andere Stadt, wird sich über kurz oder lang ein neuer Freundeskreis aufbauen. Vielleicht ziehst du mit deinem Partner zusammen, oder aber du hast eine Trennung hinter dir und lebst ab sofort wieder allein.

Die Lebensumstände verändern sich in jedem Fall drastisch. Ein Umzug ist immer etwas Einschneidendes in der Biografie. »Damals, als ich dort gewohnt habe ...«, so wirst du später erzählen. Die alte Heimat wird zu einem Teil der Vergangenheit. Ein Lebensabschnitt ist abgeschlossen. Wer weggeht, weiß nicht, ob er später wieder einmal dort wohnen wird. Und wenn, dann wird es nicht mehr dasselbe sein.

Jetzt aber bist du in einer neuen Umgebung angekommen. Für dich beginnt eine neue Zeit. Räuchere deine neue Wohnung gründlich aus, um sie von fremden Energien und Erinnerungen zu befreien. Du kannst dazu Salbei nehmen oder Weihrauch, beides ist ein Räucherwerk mit stark reinigender Wirkung. Stelle dir bildlich vor, wie mit dem Rauch alle belastenden und fremden Energien aus der Wohnung entweichen, wie sich alles Störende, alles Blockierende auflöst.

Aber nicht nur die leisen Töne sind angebracht. Wie du von Silvester oder Fastnacht weißt, werden schlechte Geister traditionell mit Lärm und Radau vertrieben. Also: Mache deutlich, dass du angekommen bist. Zeige es auch nach außen. Wenn du magst, lade neue Nachbarn ein. Gib ein Einweihungsfest, und feiere deinen Neuanfang. Vor allem: Heiße dich selbst willkommen. Danach kannst du dich gemütlich niederlassen und Wurzeln schlagen. Du weißt ja: Starke Wurzeln geben die Kraft, die Stürme des Lebens zu überstehen und die anstehenden Aufgaben anzupacken.

Der richtige Wohnort – ein Ort, an dem man sich zu Hause fühlt

Viele Menschen fühlen sich durch Arbeit oder Familie zu einem bestimmten Ort gedrängt und halten den Wohnort daher mehr oder weniger für ein Zufallsprodukt. »Es hat sich eben so ergeben«, sagen sie. Sie würden sich wünschen, ihren Wohnort frei wählen zu können, ganz nach ihrem persönlichen Geschmack, ohne Rücksicht auf äußere Umstände. Dann könnten sie einfach mal schauen, wo es ihnen gefällt, und sich dort ansiedeln. Doch es geht ja nicht, sie haben Verpflichtungen.

Was gibt es nicht alles für Beweggründe: Sie sind in diesem Dorf geboren und haben das Haus geerbt. Sie sind wegen der Arbeit in diese Stadt gezogen. Nur die Wohnung in diesem Stadtviertel war bezahlbar. Oder sie haben sich beim Partner einquartiert, weil dieser die größere Wohnung hatte.

Natürlich sind diese Gründe nicht von der Hand zu weisen. Aber dennoch ist der Wohnort kein Zufall. Sie hätten das geerbte Haus verkaufen können und wegziehen. Sie hätten zwar in der Stadt arbeiten, aber sich dennoch eine Wohnung außerhalb nehmen können. Sie hätten weitersuchen können, bis sich in einem anderen Stadtviertel bezahlbarer Wohnraum finden ließe. Sie hätten sich mit dem Partner zusammen eine neue Wohnung suchen können. Auch diese Möglichkeiten gibt es schließlich.

Vielleicht haben sie sich für das Elternhaus ja nur deshalb so felsenfest entschieden, weil es genau das ist, was sie in der Tiefe ihres Herzens wollten? Weil hier die Wurzeln sind? Vielleicht haben sie den Job in der Stadt angenommen und sich dort niedergelassen, weil das bunte Treiben dort auf sie eine starke, wenn auch unbewusste Anziehung ausübt? Vielleicht fanden sie das abgewrackte Stadtviertel doch ganz lässig? Vielleicht gab es noch andere Anreize, warum es die Wohnung des Partners sein sollte und keine eigene? Die meisten Menschen wählen ihren Wohnort instinktiv. Das hat übrigens nichts damit zu tun, ob sie dort glücklich und zufrieden sind oder ständig klagen und jammern. Denn selbst wer meint, am völlig falschen Platz zu sein, hat sich doch aus bestimmten Motiven für sein jetziges Zuhause entschieden. Vielleicht gibt es dort etwas Wichtiges zu lernen oder diese, wenn auch ungeliebte Umgebung, bietet eben doch die Voraussetzung, die man für seine Werke braucht. Unterschätze die Kraft deines Unterbewusstseins nicht!

Natürlich hängt das Glücklichsein oder Unglücklichsein auch von anderen Faktoren ab, wie Erfüllung in der Partnerschaft, Anerkennung im Beruf, stabile soziale Bindungen usw. Und doch spielt auch der äußere Rahmen eine Rolle. Denn wenn wir am falschen Platz sind, können wir weder Wurzeln schlagen noch uns gut entwickeln. Wie ein kränkelnder Baum, der auf schlechtem Grund steht, kümmern wir vor uns hin.
Hast du schon mal eine welkende Zimmerpflanze an einen anderen Platz gestellt und beobachtet, wie sie dort aufgeblüht ist? So ähnlich kann sich die Veränderung der Umgebung auch bei uns Menschen auswirken. Auf manchem Boden gedeihen wir, auf anderem verkümmern wir. Die eine Umgebung regt unsere Fantasie an und bringt unsere Fähigkeiten zum Blühen, die andere schränkt uns ein und hemmt uns.

Ein Umzug ist aber nicht immer die einzige Möglichkeit, um die Umgebung zu verändern. Wir können bei uns selbst anfangen, in unserem eigenen Zuhause! Auch eine kränkelnde Pflanze müssen wir nicht zwangsläufig in ein anderes Zimmer stellen. Wir können auch den Boden lockern und sie düngen. Ebenso können wir auch unseren »Boden« aufbereiten und uns eine förderliche Umgebung schaffen. Damit ermöglichen auch wir uns, Wurzeln zu schlagen und aufzublühen.

Stehen wir schwankend und haltlos, sind wir anfällig für Beeinflussungen von außen, was uns schließlich müde und krank machen kann. Sind wir fest verwurzelt, gibt uns das Sicherheit und Selbstvertrauen. Viele Lebensprobleme lassen sich damit lösen oder tauchen gar nicht erst auf. So wird unser Zuhause eine Quelle der Kraft. Hier ist der Nährboden, auf dem wir unsere Ziele finden und erreichen können.

Diese Grundlagen sind bei jedem Menschen anders gelagert. Folglich ist es kein Wunder, dass die Palette des Wohnens recht breit ist: Sie reicht von der Vorliebe für die Wildnis über das elegante Stadthaus bis hin zum Drang nach einem Leben im Sumpf.

Es lohnt sich immer, herauszufinden, wie die ideale Umgebung aussehen sollte. Je klarer ein Mensch weiß, was er will und braucht, desto mehr kann er seine Vorstellungen verwirklichen. Manchmal reicht es schon, das Stadtviertel zu wechseln, um der gewünschten Atmosphäre näherzukommen. Wer beispielsweise das Wasser braucht, könnte ans Flussufer seiner Stadt ziehen, wer feststellt, dass dauernder Trubel für ihn wichtig ist, kann in die belebteste Straße seines Ortes umsiedeln. Und immerhin kann man ja auch noch die Urlaubsreisen an den persönlichen Kraftort planen, um zumindest ein paar Wochen im Jahr diese Energie für sich zur Verfügung zu haben. Ist das alles nicht möglich, lässt sich immer noch die Energie des Wunschortes symbolisch im eigenen Zuhause verwirklichen – beispielsweise als Foto von dem eigentlichen Kraftort.

Doch erst einmal gilt es, diesen Ort für sich zu finden, den bestmöglichen Wohnort zu definieren. Male dir die Umgebung aus, die dich am meisten fördert, in der du deine Talente entfalten kannst. Deine Seele weiß, was du brauchst. Wer den richtigen Platz findet, der findet auch zu sich selbst. Tauche also ein in deine Wünsche, Sehnsüchte und Träume. Die Beschreibung »deines« Kraftortes sollte dich ganz aufgeregt werden lassen. Dein Herz vibriert. Schlagartig tauchen innere Bilder auf.

Bringt dich das Wasser zum Schwärmen? Geht dir das Herz auf bei der Vorstellung von einem Haus am Meer? Für dich mag es eine herrliche Vorstellung sein, am frühen Morgen einen Strandspaziergang zu machen und noch beim Einschlafen das Rauschen der Wellen zu hören. Für einen anderen Menschen allerdings wäre genau das eine bedrohliche Vorstellung, hat er doch großen Respekt vor der Gewalt des Wassers. Ein kleiner See oder ein ruhig dahinplätschernder Bach wäre für ihn das Maximale an Wasser, das erträglich wäre. Am liebsten wäre ihm ein Haus mit Garten in einer Siedlung. Dies gibt ihm das Gefühl von Geborgenheit und Sicherheit. Hier kann er Gemüse anbauen, um sich gesund zu ernähren, dazu Blumen, um das Herz zu erfreuen.

Wieder ein anderer verbindet genau diese Tätigkeiten mit harter Arbeit und sieht nicht den Gewinn, der darin steckt. Er sehnt sich nach einem Appartement, das ihm größtmögliche Unabhängigkeit bietet. Er träumt vom aufregenden Trubel der Großstadt. Mittendrin im Leben zu sein (in dem, was er sich als Leben vorstellt), ist für ihn das höchste der Gefühle. Außerdem könnte er jederzeit ohne größere Vorbereitung seine Bude verlassen und auf Tour gehen – das wäre doch was!

Den Nächsten würde die Vorstellung einer Einzimmerwohnung erdrücken. Er braucht Platz, liebt er doch die Vorstellung von einer großen Familie und vielen Freunden, die zu Gast sind. Gern lebt er in einer Wohnung mit Dachterrasse, wo es sich wunderbar feiern lässt und die außerdem einen grandiosen Fernblick bietet und ihm so das Gefühl von Weite und Größe gibt.

Jeder Mensch trägt das Gespür in sich, welches der richtige Platz für ihn ist. Zwar ist manchmal der Zugang dazu verschüttet, doch schwingt ein Rest dieses ursprünglichen Instinkts dennoch nach. Wir merken es bei Reisen und Ausflügen: Es gibt Orte, die empfangen uns anscheinend mit offenen Armen, andere lassen uns unberührt.

Das richtige Umfeld bereitet den Boden, auf dem die Entfaltung erst möglich wird. Hier lässt sich entdecken, was in der Seele schlummert, was die eigene Aufgabe in der Welt ist. Daher: Kümmere dich um deine Wurzeln, pflege und dünge sie! Wenn die Wurzeln gesund sind und sich wohlfühlen, dann kannst du umso besser wachsen und gedeihen, blühen und Früchte tragen. Du kannst deine Kräfte entfalten. Die Energie, die daraus entsteht, trägt dich nach oben, hin zu deinem Lebensglück und deiner Berufung.

Die Bedürfnisse können sich übrigens durchaus ändern. Wir alle machen Entwicklungsschritte durch. Wir entdecken im Lauf der Zeit neue Vorlieben, eben auch im Hinblick auf die Umgebung, also den Boden, der unsere Wurzeln nährt.

Was lässt sich nun tun, wenn du feststellst, dass du auf dem falschen Platz sitzt, in einer Umgebung, die nicht oder nicht mehr zu dir passt, in einem Umfeld, das deine Wurzeln nicht (mehr) düngt? Einfach umziehen? Dorthin gehen, wo es die Seele hinzieht? Diese Variante ist direkt und eine praktische Lösung. Aber nicht immer ist ein Umzug machbar. Natürlich kannst du dir vornehmen, eines Tages an deinen Traumort umzuziehen. Oder du kannst jedes Jahr deinen Urlaub dort verbringen, wo es deine Seele hinzieht. Aber was machst du in der Zeit dazwischen? Dulden, ausharren und alles andere auf später verschieben? Das funktioniert bis zu einem gewissen Grad vielleicht ganz gut. Aber es wird dich nicht vollständig zufriedenstellen. Und du läufst Gefahr, dass deine Wurzeln verkümmern. Besser ist, du gestaltest dein Zuhause so um, dass es eine ähnliche Schwingung hat wie dein Wunschort. Dazu musst du die Essenz dieses besonderen Ortes kennenlernen.

Finde zunächst deine Vorliebe für eine bestimmte Umgebung heraus – und lies daraus ab, was du als Grundlage brauchst. Achte auf prägnante Merkmale, die deine Umgebung aufweisen sollte. So erkennst du diese am schnellsten wieder. Begib dich immer wieder ganz bewusst in deine Wunschumgebung, auch wenn es nur vorübergehend ist. Gehe an »deinen« Platz. Selbst wenn du diesen schon nach kurzer Zeit wieder verlassen musst, hast du doch gespürt, wie sich dieser Ort anfühlt und kannst dieses Gefühl in der Erinnerung deiner Seele mitnehmen. Du trägst dieses gute Gefühl als Bild in deinem Inneren. Weil du jetzt weißt, was du wirklich brauchst, kannst du die Essenz dessen nach und nach in deiner aktuellen Umgebung umsetzen. Du wirst sehen, wie schnell und gut du dann mit deinem Umfeld zurechtkommst, wie bestechend leicht sich alles für dich fügt. Schließlich ist es so weit: Du wohnst so, wie es sich richtig gut anfühlt.

Hier kann sich deine Seele entfalten. Vielleicht ergibt sich aus diesem guten Gefühl heraus nun bald eine Möglichkeit, an deinen Wunschort zu wechseln. Oder du brauchst dies nicht mehr, weil deine eigentliche Sehnsucht erfüllt ist. So oder so: Die Veränderungen sind günstig.

Die 7 Energien
im Menschen und in der Umgebung

Die sieben Energien bringen Struktur in das GROSSE THEMA »Der Mensch und sein Zuhause«.

Sie bilden die beste Basis, anhand derer du dich wiederfinden und Veränderungen in Bezug auf dein Leben angehen kannst.

Sehnt sich deine Seele nach Meditation und Rückzug, zieht es dich zur Weite des Meeres und in die Stille der Natur? Suchst du die Herausforderung, reizt dich das Erklimmen von großen Höhen? Oder liebst du die Vielfalt und bevorzugst den Trubel und das Pulsieren einer großen Stadt?

Herauszufinden, welchen Urgrund du brauchst, ist die Grundlage, um sich Wünsche zu erfüllen und Ziele zu erreichen. Anhand von sieben unterschiedlichen Energieformen kannst du deine Vorlieben erspüren: die dynamische, die gemütliche, die vielseitige, die sensible, die glanzvolle, die klare und die souveräne Energie.

Diese sieben Energieformen basieren auf dem stabilen und bewährten Ordnungssystem der abendländischen Astrologie. Wer also astrologisch bewandert ist, kann in den sieben Energieformen die Qualitäten von Planeten wiederfinden.

Auf dem Weg zum individuellen Menschen und zum individuellen Wohnen können die Einteilungen immer feiner und genauer werden. Denn im Grunde unterscheiden sich alle Menschen voneinander, und sei es in Nuancen. Doch um überhaupt einmal einen Bezugspunkt zu haben, um seine Vorlieben, Abneigungen und Bedürfnisse einzuordnen, bietet eine großmaschige Struktur wie die mit den sieben Energien eine perfekte Orientierung.

Du wirst sehen: Für jeden Typus gibt es die perfekte Umgebung. Sieh diese Energieformen als Ausgangspunkt für deine persönliche Entwicklung, und lasse dich davon inspirieren!

Die dynamische Energie

Menschen mit dynamischer Energie bringt eine Umgebung zur Blüte, in der es richtig viel zu tun gibt, die zur Aktivität förmlich auffordert. Harmonie und Schönheit sind zweitrangig. In erster Linie geht es um den Pioniergeist. Solche Menschen könnte man gut in der Wildnis aussetzen, genauso aber auf einer Baustelle in der Großstadt wohnen lassen. Sie wären fähig, aus allem Unfertigen etwas zu machen. An Orten, die ihre Fähigkeit zum Improvisieren reizen, laufen sie erst zur Höchstform auf. Zur Quälerei dagegen wird eine Umgebung, an der sie nichts verändern und verbessern dürfen. Da fühlen sie sich nutzlos.

In einer allzu braven und gemäßigten Umgebung regt sich schnell ihr rebellischer Geist, der stochert und forscht, ob es nicht doch irgendeinen Sumpf oder Keller gäbe, in dem ein Geheimnis begraben liegt.

Ein Wohnviertel, das im Umbruch ist, in dem viel gebaut und verändert wird, das macht ihnen Freude. Auch das Leben am Waldrand, in einer wilden Natur regt ihre Lebenskraft an, mehr jedenfalls als eine Umgebung, in der jedes Fleckchen Natur gepflegt und begradigt ist. Selbst vor den heruntergekommenen Stadtvierteln einer Großstadt, die durch Kriminalität oder Rotlichtzonen auf sich aufmerksam machen, haben sie keine Angst. Denn auch dies gibt ihnen das Gefühl, ihrem Urgrund nahe zu sein, der Suppe, in der das – ihrer Meinung nach – wahre Leben gärt. Andere würden hier einen großen Bogen machen, ja, es nicht einmal in Erwägung ziehen, in eine so »gefährliche« Gegend zu ziehen. Menschen mit dynamischer Energie jedoch denken: Ohne Zerstörung kein Aufbau. Ohne Schweiß kein Preis.

Gerade solche Menschen sind wichtig für diese Plätze, denn sie sind schon allein durch ihre Anwesenheit in der Lage, die Energie dort umzuwandeln. Ohne sich bewusst darum zu bemühen, gelingt es ihnen meist außergewöhnlich gut, Ordnung in ihren »Sumpf« oder ihre »Wildnis« zu bringen. Sie versacken dort keineswegs, sondern leben richtig auf.

Reicht es ihnen also, in einem Zelt zu leben oder auf einer Baustelle? So ganz falsch ist das nicht. Die dynamischen Charaktere sind tatsächlich in der Lage, mehr als andere in ihrem Zuhause zu improvisieren. Sie können sich in halbfertigen Zuständen wohlfühlen. Das reizt sie sogar und spornt ihren Tatendrang an. Denn daraus lässt sich ja etwas machen.

Eine Umgebung, die zu Tode gestaltet ist, in der jedes Detail durchgestylt ist und alles an seinem Platz sitzt, das würde einen solchen Typus langweilen und erdrücken. Seine Kreativität entspringt im Unfertigen, im Möglichen.

Auf das eigene Haus bezogen ist Holz einer der wichtigsten Baustoffe. Oft sehnen sie sich tatsächlich nach einem Holzhaus oder gar einem Blockhaus – der Traum vom Leben in der freien Natur rückt damit näher. Sie brauchen immer »Projekte«, Vorhaben, die ihren unternehmungslustigen Geist anspornen. Aus Nichts etwas zu machen, das ist für sie der eigentliche Reiz und zwar in jeder Lebenssituation. Auf diesem Boden wächst eine ungeahnte Willenskraft, die Dinge anzupacken, die getan werden müssen.

Das Innere eines Hauses von Menschen mit dynamischer Energie wirkt sehr archaisch. Wenig ist verkleidet, gar nichts verziert. Holz und Steine sind zu sehen, manchmal auch die Technik, das heißt die Leitungen von Strom und Heizung. Diese Menschen sind ehrlich und direkt, das zeigt sich auch in ihrem Design. Die Möbel sind einfach und wuchtig, oftmals sogar selbst gebaut. Von Farben machen sie nicht viel Aufhebens – hat nicht jedes Material seine eigene Farbe? Manchmal mögen sie es aber, eine Wand in einer knalligen Farbe zu streichen. Zimmerpflanzen wird man kaum finden, wenn dann sind es robuste Gewächse oder auch mal ein Kaktus, der Wehrhaftigkeit verkörpert. Das Haus ist generell nicht überladen. Sie haben vor allem das, was sie dringend brauchen. Dazu gehört Schnickschnack definitiv nicht. Zuweilen hängt in der Raummitte auch nur eine Glühbirne statt eines Lampenschirms. Sportgeräte wie Hanteln, Crosstrainer oder ein Boxsack lassen sich dagegen durchaus sogar im Wohnraum finden. Weiche Teppiche brauchen sie nicht, da finden sie Holzdielen schöner.

Haben Menschen vom dynamischen Typ einen Garten, so ist es einer, dessen Pflege nicht viel Aufwand erfordert. Er erinnert mehr an eine Wildnis als an eine Parkanlage. Alles darf so wachsen, wie es will. Der eigene Wille der Pflanzen wird respektiert, auch das Recht des Stärkeren. Nur behutsam wird ordnend eingegriffen. Archaisch, ungerodet sollte der Garten wirken, denn das ruft auch die eigenen Pionierkräfte auf den Plan. Ein Baumhaus macht ihnen riesigen Spaß. Sie mögen auffallende

Ihre wichtigsten Räume sind die WERKSTATT bzw. der HOBBYRAUM und die KÜCHE.

In diesen Räumen lässt sich etwas herstellen. Und ein bisschen gefährlich ist es auch.

Blumen, die sich wild verbreiten, wie etwa leuchtend roter Klatschmohn. Falls sie Gemüse anpflanzen, sind immer Paprika- und Pfefferschoten dabei. Auch stachelige Pflanzen sind gern gesehen. Anstatt breiter Plattenwege legen sie Tritte aus einzelnen, unregelmäßig geschnittenen Steinen. Oder sie bahnen sich einen Trampelpfad durch die Wiese, die eine echte Wiese ist, kein gepflegter Rasen.

Die gemütliche Energie

Natürlich und gediegen lieben es die Menschen, deren Energie ruhig und gemütlich schwingt. Lieber bauen sie ein Haus ordentlich und solide, sodass es auch für die nächsten Generationen noch hält, als von einer Wohnung in die nächste zu wechseln. Viel Platz soll das Haus haben für Kinder, für Freunde und Familie. Sie sind häufig sehr heimatverbunden. Ihr Zuhause soll ihnen Sicherheit schenken. Und Sicherheit erwarten sie auch von ihrer Umgebung. Daher trauen sie dem schnelllebigen, flatterhaften und oft krummwegigen Großstadtgeist nicht recht. Sie mögen es überschaubar.

Menschen mit dieser gemütlichen Energie können wunderbar in kleinen Städten leben. Auch auf einem Dorf fühlen sie sich wohl. Nur eine Großstadt wirkt auf sie eher etwas unheimlich. Müssen sie dort wohnen, sollten sie das Zentrum meiden und sich besser in ein Randviertel zurückziehen.

Sich von der Masse abzuheben, ist kein Bedürfnis von Menschen mit gemütlicher Energie. Extreme Wohnformen wie Hochhaus oder Einsiedelei überlassen sie anderen. Ein eigenes Haus, es darf auch ein Reihenhaus sein, macht sie höchst zufrieden. Ordnung und Schönheit zeichnet ihre Umgebung aus. Eine kleinteilige, geordnete Umgebung, die zwar Anregungen bietet, dabei aber kein Durcheinander aufkommen lässt, haben sie gern. Sie bevorzugen ein Umfeld, in der sich Gärtner, Bastler und Heimwerker tummeln und in der Nachbarschaftshilfe selbstverständlich ist. Sie sind zur Stelle, wenn man sie braucht. Sie tun viel für das Zusammenleben der Generationen und für den Erhalt der Familien.

Ein Haus in einer Siedlung, in der die Welt noch in Ordnung ist, ist daher ihre erste Wahl. Ein Garten ist fast ein Muss. Er gibt ihnen Sicherheit und stärkt ihre Erdverbundenheit. Leben sie dennoch in einer Wohnung, nennen sie häufig einen Schrebergarten ihr Eigen. Ein guter Kontakt zu Mutter Erde ist ihnen wichtig. Gern betätigen sie sich außerdem handwerklich, sie lieben das Basteln und Gestalten.

Ihr Haus weist mehrere Zimmer aus, nicht zu groß, nicht zu klein. Für jeden Zweck gibt es einen Raum, das entspricht ihrem Gefühl für Ordnung und Harmonie. In ihrem Zuhause sieht es sehr wohnlich und einladend aus. Viele Bilder hängen an den Wänden, auf den Böden liegen Teppiche. Es gibt viele Sofas und Ruhesessel mit vielen Kissen. Vorhänge sind ein Muss. Die Stoffe sind gemustert und durchaus farbenfroh. Auch die Wände sind selten reinweiß, sondern sanft abgetönt und mit Zierstreifen versehen. Die Möbel sind meist aus feinem Holz und gut gearbeitet. Billig zusammengeschraubte Spanplattenregale kommen ihnen nicht ins Haus. Sie legen Wert auf echtes Holz und auf gute Handwerksarbeit. Ihre Einrichtung ist geschmackvoll. Sie bevorzugen den klassischen Stil und wählen ein bewährtes Design. Der praktische Gesichtspunkt ist wichtig, doch die Schönheit ist es auch. Zimmerpflanzen haben sie reichlich, ebenso findet man bei ihnen bunte Sträuße aus Schnittblumen. Oftmals gibt es in ihrem Zuhause auch ein oder mehrere Musikinstrumente.

Menschen mit gemütlicher Energie lieben die Natur und pflanzen mit Begeisterung Gemüse, vor allem aber Blumen. Freundlich und harmonisch wirkt ihr Garten immer, der Rasen ist gepflegt.

Ihr wichtigster Raum ist das ESSZIMMER.

Bequeme Stühle und ein großer Tisch laden zum Tafeln ein.

Hier lässt es sich wunderbar genießen!

Manche unter ihnen gestalten ihren Garten in der Art von alten Bauerngärten. Das ist ein Nutzgarten mit regelmäßigen Reihen von Gemüse und Kräutern. Obstbäume wie Apfelbaum und Kirschbaum sind gern gesehen. Die Schönheit darf neben der Nützlichkeit aber nicht untergehen. Ihr Garten weist daher auch prachtvolle Blumen auf, wie Dahlien und Rosen. Blühende Sträucher, reizvolle Ziergitter und vielleicht auch ein Pavillon runden das harmonische Gesamtbild ab.

 # Die vielseitige Energie

Wessen Energieschwingung leicht, locker und vielseitig ist, liebt fast immer das Herz einer Stadt. Das bunte, abwechslungsreiche Leben reizt diese Menschen vor allem anderen. Sie sind im Grunde sowieso lieber unterwegs als zu Hause, womöglich würden sie hier etwas Wichtiges versäumen. Sie fühlen sich dann am wohlsten, wenn sie das Gefühl haben, jederzeit wegzukönnen. Häufige Umzüge sind keine Seltenheit bei ihnen. Der Ruf nach Abwechslung und nach Erfahrungen muss gehört werden.
Ein Haus in Alleinlage wäre nichts für sie. Sie brauchen auch keine Villa mit Park. Am liebsten wohnen sie mittendrin. Eine Mietwohnung oder noch besser ein möbliertes Appartement ist daher ideal für Menschen mit vielseitiger Energie. So können sie problemlos die Wohnung wechseln und müssen sich auch für die Dauer der Mietzeit nur mit geringstmöglicher Verantwortung belasten. Wer mit dieser Veranlagung in einem kleinen Ort lebt, sollte sich zumindest die belebteste Straße dieser Ortschaft als Urgrund wählen. Schön wäre es, wenn sie direkt oder nahe am Marktplatz ihr Zuhause beziehen, weil sie dann quasi am Puls des Geschehens sitzen.
Die lebendige Vielfalt ist es also, die Menschen mit vielseitiger Energie anzieht. Ein breites Angebot an Sport und Kultur, eine Shopping-Meile, aber auch viel Natur, dazu Cafés und Infotreffs, und all das in der Nähe einer hellen, offen gestalteten Wohnung – da leben solche Menschen richtig auf. Gern beschäftigen sie sich mit der kleinen Welt um sie herum und kümmern sich um ihre Nachbarn und ihre Gemeinde. Sie sind es, die die Kontakte herstellen, die die Menschen zusammenbringen und auch schon mal ein Straßenfest anregen. Auf eine Hausgemeinschaft wirken sie äußerst belebend.

In ihrem Zuhause ist alles sehr freundlich, aber zweckmäßig gestaltet. Sie lieben die offene Wohnform. Leichte Möbel, gern aus Alu oder Stahl, bevorzugen sie bei Weitem vor schweren Holzmöbeln. Vor Kunststoffen haben sie keine Angst. Oftmals sind Schränke, Tische und auch die Böden aus künstlichen Materialien. Die Hauptsache, es ist praktisch! Allzu viele Sachen haben sie nicht, das würde sie nur belasten. Nur bei Büchern und Zeitschriften werden sie schwach. Davon finden sich doch recht viele in ihrer Wohnung. Telefon und Computer sind sowieso ein Muss, die brauchen sie für ihren Kontakt zur Welt. Auch haben sie einen gewaltigen Wissensdrang, der schließlich gestillt werden will.

Die Gestaltung ihrer Wohnung ist insgesamt freundlich und hell. Sie machen nicht viel Aufhebens um das Design. Ein Einkauf im Regaleladen tut es. Witzig ist die Zusammenstellung trotzdem, vielleicht weil sie so unbekümmert einkaufen. Pflanzen brauchen sie nicht unbedingt, außer vielleicht ein paar Küchenkräuter auf dem Fensterbrett. Manchmal findet man aber ein Fahrrad in ihrer Wohnung – es dient ihnen zur schnellen Fortbewegung, und darauf legen sie nun mal Wert. Damit

Der wichtigste Raum dieser Menschen ist das ARBEITSZIMMER.

Hier fühlen sie sich frei, zu denken, zu lesen und zu lernen. Hier beschäftigen sie sich. Und von hier aus nehmen sie mit anderen Menschen Kontakt auf.

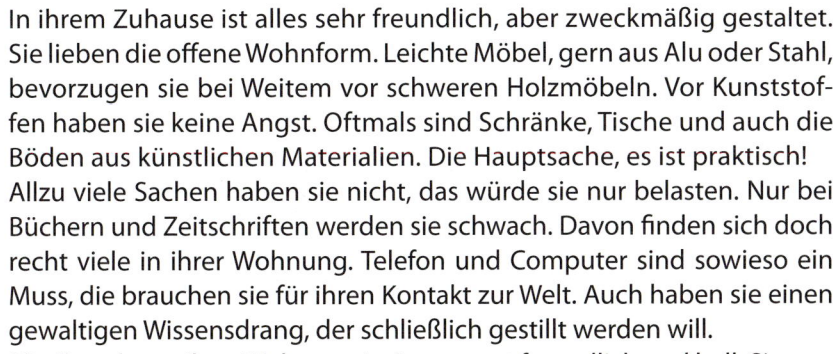

ihnen das Rad sicher nicht abhandenkommt, darf es eben im Flur »wohnen«.

Ein Garten ist nun wirklich kein Muss bei Menschen mit vielseitiger Energie. Wenn sie dennoch einen Garten haben, so ist es einer mit einfacher Gestaltung. Die Pflege darf nicht viel Zeit in Anspruch nehmen. Ein Rasen, ein paar Büsche und Blumen, evtl. ein paar Kräuter – das reicht. Unbedingt aber brauchen sie einen oder gleich mehrere Plätze, an denen sie sich mit anderen Menschen zusammensetzen können zum Reden und Plaudern. Auch darf die Grenzbepflanzung nicht zu hoch sein. Sie wollen über den Gartenzaun hinweg mitkriegen, was auf der Straße abläuft und Kontakt zu den Nachbarn aufnehmen können. Ein Platz zum Lesen und eine Schaukel würden sie freuen.

Die sensible Energie

Viele Menschen mit sensibler Energie haben eine intensive Heimatbindung. Ihr Leben lang wohnen sie am Ort ihrer Geburt. Ihre Sehnsucht führt sie nirgendwo anders hin. Manche mögen nicht einmal im Urlaub ihre Heimat verlassen.
Doch unter den Menschen mit sensibler Energie gibt es auch andere, die fast das genaue Gegenteil zu sein scheinen. Sie fühlen sich zuerst nirgends zu Hause und später in der ganzen Welt. Sie fragen sich: »Geht es auch ohne Heimat?« Ja, es geht. Tatsächlich braucht nicht jeder die eigene Scholle. Oft hält es solche Menschen auch nicht in ihrer angestammten Heimat, sie ziehen fort und finden anderswo ein Zuhause – eines oder viele verschiedene. Sie können zeitweise sogar auf ein festes Zuhause verzichten und mit einem Zirkuswagen oder mit einem Wohnmobil durch die Welt ziehen.
Immer sind sie ausgeprägte Gefühlsmenschen, voller Fantasie und Romantik. Häufig haben sie einen innigen Bezug zur Natur. Wenn sie sich irgendwo niederlassen, sollte es in einer Umgebung sein, die sinnlich, verträumt und sehr romantisch ist. Umso schöner, wenn Wasser in der Nähe ist – ein Meer, ein See, ein Flüsschen, ein Bach, ein Brunnen.

Der Schutz ihrer Privatsphäre ist den Menschen mit sensibler Energie wichtig. Sie zeichnen sich durch Fantasie, Spiritualität und extreme Empfindsamkeit aus. Sie spüren viel, nehmen viel wahr. Eine belebte Umgebung, in der es täglich etwas Neues gibt, in der es laut und wild zugeht, macht sie müde und matt. Sie leben gern zurückgezogen, am besten umgeben von einer dichten Hecke oder gar einem Wäldchen. Eine offene Lage, ein Grundstück, das weithin einzusehen ist, sind ihnen unangenehm. Gern wohnen sie auf dem Land und suchen sich ein kleines Haus mit Garten. Auch ein alter Bauernhof ist denkbar oder ein Haus, das etwas abseits vom Dorf liegt. Oft sind es auch gerade die Menschen mit sensibler Energie, die ein altes Haus vor dem Abriss bewahren, seinen Charme erkennen und es mit viel Liebe und Geduld wieder aufleben lassen. Sie haben nichts dagegen, hier allein einzuziehen oder, ganz romantisch, mit ihrer großen Liebe. Oder sie schaffen sich ein Zuhause für ihre Familie bzw. Patchworkfamilie.

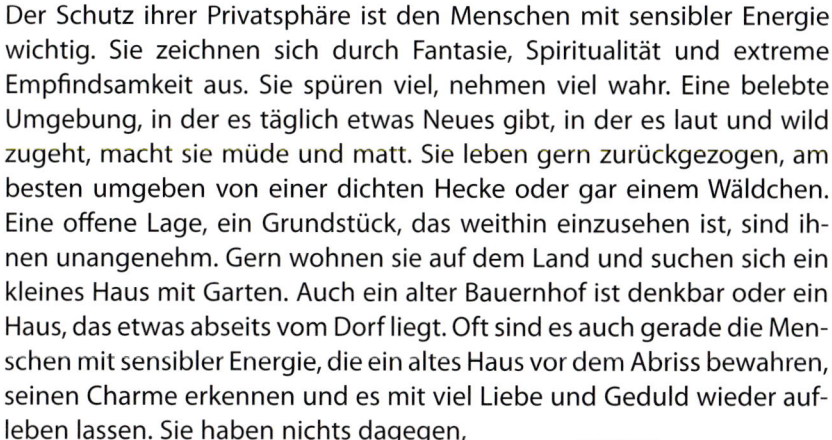

Sie lieben es, zu ruhen, zu kuscheln, zu meditieren und vor allem zu träumen.

So ist ihr wichtigster Raum das SCHLAFZIMMER.

Hier können sie ganz für sich sein. Hier ist ihr privates Reich, zu dem Fremde keinen Zutritt haben.

Leben sie doch in der Stadt, sind sie eher in Künstlervierteln zu finden. Auch wenn sie gern für sich sind, so haben sie doch keine Scheu vor Begegnungen mit Menschen aus anderen Schichten und Kulturen. So macht es ihnen nichts aus, mit Menschen aus aller Welt zusammenzutreffen – was bei anderen Leuten Angst und Abwehr auslösen könnte. So wie das Meer jeden Wassertropfen annimmt, so sind diese sensiblen Menschen offen für alle Strömungen der Gesellschaft und bereit, jeden an ihr Herz zu drücken und jede Lebensform spannend zu finden.

Dennoch geht ihre eigentliche Sehnsucht in Richtung Natur. Hier, in dieser geschützten Umgebung, können sie sich ein schönes, individuelles Zuhause gestalten, umgeben von Blumen, Kräutern, Bäumen und Büschen. In der Natur gedeiht ihre Kreativität am besten. Ihre Sinnlichkeit wird angeregt und auch ihre helfenden und heilenden Fähigkeiten. So leben sie nach ihrem eigenen Rhythmus, helfen den Menschen und heilen die Natur.

Ihr Haus ist immer ein bisschen ungewöhnlich. Auch die Aufteilung der Räume ist sehr eigenwillig. Die Einrichtung ist oft ein kunterbunter Mix von Stilen, Materialien und Ideen. Immer aber ist es sehr anheimelnd und warm gestaltet. Liebevoll kümmern sie sich um jedes Detail. Ein Schrank von der Uroma kann neben einem Designerstuhl stehen, ein selbst gebautes Regal neben einem wackeligen Stuhl vom Flohmarkt. Auch Unfertiges findet man bei ihnen, wie einen Holzschrank, der dringend restauriert werden müsste. Sie mögen es, in Träumen, im Unfertigen zu leben. Oft sieht es bei ihnen zu Hause aus wie in einer anderen Welt. Viele Stoffe gibt es hier, in vielen Farben und Mustern. Gekonnt drapieren sie Tücher – an Fenstern und Türen, vor Durchgängen und Wänden. Über dem Bett hängt schon mal ein Moskitonetz. Verzierungen sind ihnen wichtig. Alles ist gestaltet und dekoriert. Erinnerungen an früher kommen hoch. Da sie häufig sehr kreative Menschen sind, findet man bei ihnen auch eigene Gemälde und Zeichnungen. Die hängen manchmal an der Wand, zuweilen lehnen aber auch ganze Stapel davon vor einer Wand, so als würden sie darauf warten, ihren Platz zu finden. Pflanzen gibt es jede Menge – eine Dschungelatmosphäre ist keine Seltenheit. Bei Menschen mit sensibler Energie gedeiht aber auch jedes Kraut!

Verträumtheit und Gefühlsstärke wird auch der Garten von Menschen mit sensibler Energie ausstrahlen. Er sollte schattig sein und auf jeden Fall einen Teich beinhalten, am liebsten mit Seerosen. Im Wasser kann sich das Licht spiegeln. Dazu lieben sie die Sichelform sowie Spiralen, was sich bei der Gestaltung eines Sitzplatzes oder eines Blumenbeetes berücksichtigen lässt. Wunderbar lässt sich dies mit weißen Blüten ergänzen. Sie nehmen gern Blumen, die vorzugsweise nachts ihren größten Duft verströmen, wenn der Mond ganz romantisch den Himmel beherrscht. Vergissmeinnicht und Anemonen lassen die Welt ihrer Gefühle erwachen. Weiche Formen sowie verspielte Figuren und Dekorationen regen die Sinne noch weiter an.

Die glanzvolle Energie

Wo es vornehm und teuer ist, da gefällt es den Menschen mit glanzvoller Veranlagung. Sie sind in den elegantesten Stadtvierteln zu finden. Sie lieben das Besondere. Wenn sie in kleinen Orten wohnen, sollte es schon eine besondere Villa sein oder ein Schlösschen. Meist aber hegen sie eine instinktive Vorliebe für bedeutende Städte. Ein Zuhause im besten Viertel der Stadt ist für sie attraktiv. Hier fühlen sie sich am wohlsten, und hier sehen sie auch für ihre Nachkommen die besten Chancen. Denn das Wohl ihrer Familie liegt ihnen sehr am Herzen. Generell sind sie sehr kreative Menschen, auch sind häufig Firmengründer unter ihnen zu finden. Sie lieben es eben, ihre Ideen umzusetzen.

Menschen mit glanzvoller Energie brauchen eine Umgebung, die ihrer würdig ist. In der Masse unterzugehen, würde ihnen nicht gut bekommen, auch würden sie weder in der Wildnis glücklich, noch könnten sie in einem windschiefen Abrisshaus eine Herausforderung sehen. Unerträglich wäre es für sie, inmitten von sozialen Brennpunkten wohnen zu müssen.

Um stark und kraftvoll wirken zu können, brauchen sie ein großzügiges Zuhause. Eine große Wohnung in der Stadt, zum Beispiel in einer Jugendstilvilla, nicht weit entfernt von Geschäften und schönen Läden, auch nahe an Kino, Theater, Galerie und Museum, das ist der Boden, auf

Ihr wichtigster Raum ist das WOHNZIMMER.

Es muss sehr groß sein.

Hier präsentieren sie Wert, Fülle und Reichtum.

dem sie am besten gedeihen. Kunst und Kultur sollten allgegenwärtig sein, auch Restaurants und Cafés dürfen nicht fehlen.

Neben der Lage zählt vor allem die Größe der Wohnung selbst zu den wichtigsten Kriterien bei der Wahl ihres Zuhauses. Um sich gut entfalten zu können, brauchen sie tatsächlich ausreichend Raum um sich herum. Jede Kleinteiligkeit würde sie erdrücken. Ihr Haus weist oft beträchtlich mehr Zimmer auf, als sie wirklich brauchen.

Eine gepflegte Umgebung und eine wertvolle Ausstattung sind für sie die ideale Grundlage zum Gedeihen. So können sie ihre Schöpferkraft bestens entfalten und zeigen sich herzlich und großmütig. Für andere sind ihr Haus und ihr Garten übrigens oftmals eine Art Leitbild, dem sie nacheifern.

Ihr Zuhause wirkt immer wertvoll. Sie richten sich mit ausgewählten Stücken ein. Ihre Möbel sind selten Massenware. Sie haben ein Faible für Stilmöbel, aber auch für Designermöbel. Manchmal haben sie auch beides. Etwas Besonderes sind ihre Möbel immer. Möbel, die als Status-symbole fungieren, sind hier zu finden.

Die Wände streichen sie durchaus schon mal dunkel und verzieren die Decke mit Stuckelementen. Das Flair eines venezianischen Palastes ist gewollt. Oder sie bespannen die Wände mit Stoff oder lassen sie kunst-voll bemalen mit Ranken und Borten. Eine einfache Wand würden sie immer mit einem Gemälde zieren – und das darf groß und plakativ sein. Pflanzen haben sie durchaus, insbesondere wenn sie die Wirkung des Raumes unterstreichen. Zu großen Palmen etwa können sie nicht Nein sagen.

Der Garten von Menschen mit glanzvoller Energie ist immer elegant. Er hat etwas von einem Schlosspark. Sie lieben runde oder sternförmige Plätze, die frei von Schatten sind. Dort könnte ein runder Tisch stehen, umrahmt von Steinbänken oder Korbsesseln mit sonnengelben Kissen. Als Umrandung dieses Platzes eignen sich Blumen, die die Sonne lieben, wie Sonnenblume oder Sonnenhut. Passend sind auch jene mit kraftvol-len Farben, wie orangefarbene Taglilien. Prächtig wirkt dazu eine Mar-morstatue, etwa eine, die den römischen Sonnengott Apollon darstellt.

Die klare Energie

Die beste Umgebung für Menschen mit klarer Energieform ist ein Platz, an dem Ordnung herrscht. Das entspricht ihrer eigenen ausgeprägten Vorstellung von klaren Strukturen am besten. Diese Menschen wissen sehr genau, was sie wollen und brauchen. Gern suchen sie sich eine Stadt oder ein Stadtviertel, das übersichtlich geplant und gebaut ist. Die Umgebung kann durchaus wechseln. Es kann in einer bestimmten Le-bensphase ein Appartement in einem Hochhaus sein, in einer anderen Lebensphase ein Reihenhaus. Immer aber sollte die Umgebung geord-net sein, denn ihr Zuhause ist es auch.

Ein kantiges, geradliniges Haus entspricht ihnen mehr als ein reich ver-ziertes Schlösschen. Sie mögen alles Einfache. Idylle und Gemütlichkeit wird man bei Menschen mit klarer Energie vermissen. Schönheit ist bei ihnen zwar durchaus wichtig, doch die Funktionalität steht an erster

Ihre wichtigsten Räume sind das BAD und, bei spiritueller Ausprägung, auch ein MEDITATIONSZIMMER.

Das Bad, weil es Reinheit und Gesundheit symbolisiert, der Meditationsraum, weil sie sich hier so perfekt konzentrieren können.

In beide Räume können sie sich ganz für sich allein zurückziehen, sinnieren und Pläne schmieden.

Stelle. Kühl mag ihr Zuhause wirken, aber es stellt doch etwas dar. Sie bevorzugen einen schnörkellosen Stil.

Viel Technik ist meist in ihrem Haus zu finden. Sie finden durchaus Spaß daran, von unterwegs Heizung, Licht und Rolläden zu bedienen. Sie sind auch diejenigen, die sich schon mal von einem Bücherregal verabschieden und stattdessen einen leistungsfähigeren Computer kaufen, damit ihre elektronische Bibliothek Platz hat. Die Gesundheit ist ihnen dabei aber immer wichtig. Sie achten stets darauf, gute und sichere Fabrikate zu verwenden.

Diese Menschen können durch ihre hohen Ansprüche Vorreiter, aber auch tragende Säulen der Gesellschaft sein. Klarheit, Gediegenheit und durchaus ein kühler Wind bieten ihnen die notwendigen Maßstäbe, an denen sie ihre Talente messen und schärfen können. Und das geht eben nur mit einem gesunden Maß an Ordnung um sie herum. Die Sachlichkeit ihrer Umgebung und die reduzierte Gestaltung ihrer Einrichtung sind für sie befreiend – sodass sie zwar wenige Gefühle zeigen, aber wenn, dann sind es echte und tiefe Gefühle. Von ihrer Herzlichkeit wurde schon manch einer überrascht, der sich von der nüchternen Umgebung hat einschüchtern lassen.

Ihre Wohnung hat genau so viele Räume, wie notwendig sind. Extras gibt es nicht. Die Einrichtung ist vielleicht ein bisschen nüchtern, besticht aber durch Einfachheit und Klarheit. Ein schwerer Holzschrank ist genau das Richtige für sie. Erben sie Antiquitäten, halten sie diese in Ehren. Gern aber kombinieren sie diese mit Möbeln aus Stahl und Glas. Die Materialien sollten echt sein, die Verarbeitung gut. Teppiche ersetzen sie durch Steinboden, bunte Wände streichen sie in Weiß oder Grau. Gefühle unterstreichen sie nicht durch Nippes, Rüschenvorhänge oder Blumenmuster. Ihre Verspieltheit drücken sie nicht so sehr durch Farben, sondern mehr durch Formen aus. So kann es sein, dass der Verputz ihrer Wände eine besondere Struktur aufweist. Ein kunterbuntes Durcheinander gibt es in ihrer Einrichtung nicht. Alles hat seine Ordnung, jedes Teil hat seinen Platz. Das gilt sogar für die Bücher im Regal.

Streng, einfach und regelmäßig sieht auch ihr Garten aus. Denn genau dies sind die Qualitäten, die Menschen mit klarer Energie vermitteln können. Eine dunkle Thujenhecke bietet Schutz gegen neugierige Nachbarn und Spaziergänger. Sie können sich hier sicher fühlen! Der Garten sollte insgesamt repräsentativ, aber sachlich gestaltet sein. Spielereien und Verzierungen braucht es nicht. In der einfachen, überschaubaren Umgebung kann die Seele aufatmen, deren leise Stimme in der bunten Welt draußen von schriller Werbung übertönt wird. Nutzpflanzen haben Vorrang vor Ziergewächsen, insbesondere Pflanzen, deren Früchte sich für Vorratshaltung eignen und sich gut lagern lassen. Ein Klostergarten könnte als Vorbild dienen, denn auch dieser nährt mit seinem gesunden Gemüse und den vielerlei Kräutern die Klosterinsassen, vermittelt aber gleichzeitig Ruhe und Stabilität und fördert damit die meditative Versenkung.

Die souveräne Energie

London, Paris, Tokio, New York ... Modern und pulsierend soll sie sein, die Umgebung von Menschen mit souveräner Energie. Sie wollen dort sein, wo die Trends entstehen, manche suchen bewusst das Schnelllebige, Rasante, das in den Megacitys ausgeprägt zu finden ist. Anderen reicht es, wenn sie nur viel Weite um sich haben. Eine ländliche Umgebung ist also ebenfalls möglich, sofern es sich um ein Gut handelt oder um eine großzügige Villa im eigenen Park. Sie alle aber haben gern ein lichtdurchflutetes Zuhause mit Ausblick. Ob Penthouse auf dem Wolkenkratzer, ob Künstleratelier, Loft oder Landgut – ihr Zuhause ist immer irgendwie ungewöhnlich. »Darf es ein bisschen größer sein?«, möchte man sie fragen. »Ja, unbedingt!«, werden sie antworten. Das Besondere erst gibt ihnen das Gefühl, wichtig und wertvoll zu sein.

Sie lieben es, den Blick in die Ferne schweifen zu lassen. Das regt ihre Lust am Philosophieren an. Den Weitblick brauchen Menschen mit der weltläufigen Energieform wie die Luft zum Atmen. Wichtig ist außerdem, dass ihnen ihr Haus und ihre Umgebung sehr viel Freiheit bieten. Dazu gehört auch die Freiheit, sich nach Belieben in alle Richtungen bewegen zu können – zu Fuß, mit dem Fahrrad, mit dem Auto, mit dem Flugzeug.

Oft haben Menschen mit souveräner Energieschwingung sogar mehrere Wohnungen, gern auch im Ausland. Hauptsache, das Flair der weiten Welt ist zugegen. Sie schätzen die Vielfalt an Kulturen in ihrer Umgebung, die aber nichts Niedriges und Verdorbenes an sich haben sollte, sondern von Offenheit und Toleranz geprägt ist. Den Untergrund einer Stadt, die Subkultur dagegen ertragen sie nicht gut in ihrem Umfeld. Was nicht heißt, dass sie sich damit nicht auseinandersetzen. Doch weitaus mehr schätzen sie eine gepflegte Umgebung, in der sich die Kulturen vermischen, wie etwa das Diplomatenviertel einer Großstadt. Sie lieben es, Theater und Konzertsaal in erreichbarer Nähe zu haben, denn ein breit gefächertes kulturelles Angebot regt ihren Geist an.

Auf dem Nährboden des Weltmännischen und Besonderen, in einem großzügigen Zuhause gelingt es ihnen perfekt, ihre vielfältigen Talente der Welt zur Verfügung zu stellen. Sie haben in der ganzen Welt Freunde und laden auch gern Gäste zu sich nach Hause ein. Sie lieben es, sich anderen Menschen gegenüber großzügig zu erweisen. Andere zu unterstützen und sie glücklich zu machen, schenkt ihnen auch selbst das Gefühl eines glücklichen und erfolgreichen Lebens.

Sie haben viele Zimmer. Oftmals gehen die Räume ineinander über und sind mit Treppen oder Durchgängen verbunden. Ihre Räume sind sehr geschmackvoll eingerichtet – und meist auch ungewöhnlich. Selbermachen ist eher nichts für Menschen mit souveräner Energieform. Lieber engagieren sie die besten Handwerker, Innenarchitekten und Stylisten der Stadt als selbst den Schraubenzieher in die Hand zu nehmen. Ihre Ansprüche an ihre Umgebung sind groß. Gepflegt muss es in erster Linie sein und superedel. Es soll Wert ausstrahlen. Die Kombinationen sind dennoch oft sehr eigenwillig. Sie haben keine Scheu etwas Neues auszuprobieren und werden daher auch zu Trendsettern.

Ihr Wohnzimmer könnte so aussehen: Zwei große Ledersofas, die einander gegenüber stehen. Seitlich davon eine Sichtbetonwand, in abgetöntem Türkis gestrichen. Dort hängt ein riesiges Gemälde eines angesagten Künstlers. Auf dem Bo-

Ihr
wichtigster Raum
ist etwas
BESONDERES.

Und er bietet Sitzgelegenheiten für mehrere Menschen –
eine EMPFANGSHALLE, ein
SALON oder eine
BIBLIOTHEK sind
hierfür bestens
geeignet.

den aus großen Steinplatten liegt ein flauschiger Teppich. Verzierte Metalltischchen, große Fenster und dekorative Pflanzen ergänzen das Ensemble. Jedes Teil in ihrem Zuhause hat eine Geschichte, die auch gern erzählt wird: Dieser Sessel stammt aus Südafrika, jener Schrank aus Indien, der Wandteppich ist aus Bali, die Statue aus Spanien. Mit allen Teilen verbindet sie eine Erfahrung, eine Reise, ein Erlebnis.

Einen Garten brauchen Menschen mit souveräner Energie nicht unbedingt. Eher schon einen Park, aber eine Dachterrasse tut es auch. Ihr Außenbereich muss großzügig, frei und offen wirken. Nur so verstärkt er Eigenschaften wie Weite und Optimismus. Sie brauchen also viel Raum. Daher verzichten sie auf kleingezüchtete Bäume. Lieber pflanzen sie eine prachtvolle, riesige Kastanie oder einen Walnussbaum. Auch ein kleinteiliger, arbeitsintensiver Gemüsegarten wäre falsch. Besser sie entscheiden sich für großzügige Rabatten. Sie legen breite Wege an. Auch wählen sie edle Gartenmöbel, in Teak- oder Mahagonifarben. Das Ensemble lässt sich abrunden mit blauen, vor allem dunkelblauen Blüten, wie Rittersporn und Fingerhut. Immer suchen sie dazu auch exotische Pflanzen aus, die von Weltläufigkeit zeugen und erneut das Fernweh wecken.

# Zwei Menschen – zwei Energien

In einem modernen Glaspalast zu wohnen, kann für manche Menschen die Erfüllung eines Traumes bedeuten und zu Höhenflügen anspornen. Die Großstadt bietet ihnen durch ihre bunte Vielfalt den Boden zum guten Gedeihen. Was für diese das Hochhaus ist, ist für andere die romantische Wohnung in einer Kleinstadt. Vom Großstadtdschungel würden diese sich erschlagen fühlen. Wieder andere würden beides ablehnen. Ihnen steht der Sinn danach, die Wildnis zu roden. In der Natur sehen sie die große Chance zur Entfaltung ihrer Kräfte und leben richtig auf. So gibt es für jeden Menschen die bestmögliche Umgebung.

Einen großen Vorteil hat man schon dadurch gewonnen, dass einem der Wunsch nach der idealen Umgebung bewusst geworden ist. Daraus lässt sich die Essenz dessen herausfiltern, was man braucht, um zu wachsen und zu gedeihen. Zu erkennen, was man braucht, ist der erste Schritt, um dieses Ziel zu erreichen.

Doch was geschieht, wenn man mit einem Menschen zusammenleben möchte, der ganz anders strukturiert ist und einen anderen Traum vom Wohnen hat? Die Liebe kann groß sein, man kann in vielen Bereichen einander ähnlich sein. Und trotzdem können die Vorstellungen von Design und Schönheit höchst unterschiedlich sein, auch können die jeweiligen Vorlieben für ein Leben in der Stadt oder auf dem Land stark voneinander abweichen. In diesem Fall gilt es, eine Mischform zu finden, sodass beide sich entfalten und glücklich werden können.

Schauen wir uns hierzu drei Beispiele an:

Treffen sich der gemütliche und der vielseitige Typus, sollte die Umgebung, die ihnen die bestmögliche Entfaltung schenkt, zum einen geordnet und bürgerlich sein. Damit ist schon mal der gemütliche Typus zufrieden. Ein Einfamilienhaus in einer Siedlung am Stadtrand wäre also günstig. So weit, so gut. Nun kommt aber der Wunsch nach Vielseitigkeit hinzu. Dieser Typus braucht Unterhaltung und Abwechslung, lässt nach Kontakten suchen, drängt zum Ausgehen und auch zum Lernen. So ganz ruhig und beschaulich darf die Umgebung also doch nicht ausfallen, das würde ihn mit der Zeit ganz schön unzufrieden machen. Wichtig ist also bei allem gutbürgerlichen Ambiente der Anschluss an öffentliche Verkehrsmittel, denn damit lassen sich jederzeit belebte Plätze aufsuchen. Das Haus kann gern ein Reihenhaus sein, denn beide, der gemütliche und der vielseitige Typus, brauchen nicht den großen Wurf. Sie fügen sich problemlos in die Gemeinschaft ein. Auch wäre damit schon mal ein engerer Kontakt zu den Nachbarn gegeben, was wiederum den Menschen mit der vielseitigen Energie erfreut. Und trotzdem besäße man ein eigenes Haus, was den gemütlichen Wesenseigner zufrieden stellt.

Kommt der vielseitige mit dem souveränen Typus zusammen, brauchen beide eine lebendige Gegend. Ländliche Ruhe und Abgeschiedenheit wären eine echte Qual für sie. Ein eigenes Haus muss nicht sein, ein Garten auch nicht, eine Dachterrasse schon eher, zumindest für den weltläufigen Typus. Stadtluft tut beiden gut. Hier gefallen ihnen Wohnungen in der Nähe von Cafés und Läden. Mit einer Mietwohnung kommen sie gut klar, da sie ihren Wohnsitz sowieso häufig wechseln.

Dem souveränen Typus aber reicht nicht einfach irgendeine Kleinstadt. Er braucht schon den Flair des Außergewöhnlichen: Toll wäre ein Appartement in einem der oberen Geschosse eines Hochhauses. Spannend auszuprobieren wäre für beide auch mal eine Wohnung in einer Stadt, die alle Grenzen sprengt – was Megacitys wie New York oder Shanghai idealerweise bieten. Auf Dauer dürfte das aber den vielseitigen Typus stressen, der es trotz allem Drang nach Abwechslung überschaubar mag. Eine riesige Wohnung in einem belebten Stadtviertel wäre für beide langfristig ein Ort, an dem sie ihr ideales gemeinsames Zuhause finden könnten.

Verlieben sich der dynamische und der sensible Typus, so müssen zwei Vorgaben gewährleistet sein: Die Umgebung muss Schutz, aber auch Herausforderungen bieten. Beide würden ein Holzhaus lieben, das inmitten von ganz viel Natur steht. Der dynamische Typus hat hier genug Betätigungsfelder, um Ideen zu kreieren und sie zu verwirklichen. Der sensible Typus findet ausreichend Raum zum Träumen und Sinnieren. Hier kann er seine künstlerischen Ambitionen ausleben oder etwa mit Naturgeistern Kontakt aufnehmen. Entscheiden sich beide für ein Leben in der Stadt, werden sie auch nicht lange diskutieren müssen. Mit stets gemähtem Rasen können sie nicht dienen, gediegene Ordnung ist auch nicht ihr Ziel. Aber beiden würde ein Zuhause in einer kunterbunten Gegend gefallen mit vielen persönlichen Freiheiten, mit der Atmosphäre von Selbstverwaltung und Eigenständigkeit und gern mit kultureller Vielfalt.

Die 7 Energien in den Räumen

Erinnere dich an die Beschreibungen der sieben Energien: Jeder Energieform wird ein Zimmer als bevorzugter Raum zugeordnet. Eine »dynamische« Energie weisen Küche, Hobbyraum und Werkstatt auf, »gemütlich« ist das Esszimmer. »Vielseitig« ist das Arbeitszimmer. Als »sensibel« gilt das Schlafzimmer, »glanzvoll« ist das Wohnzimmer. »Klar« sind Bad und Meditationsraum, und »souverän« schließlich sind Räume wie Empfangshalle, Salon oder Bibliothek.

Schaue diese einzelnen Räume in deinem Zuhause an. Ganz gleich, welche Grundschwingung du selbst hast – etwas von der besonderen Energie, die zu diesen Räumen gehört, findest du dort immer. Alle Eigenschaften, die mit der jeweiligen Energieschwingung zu tun haben, spiegeln sich hier wider. Das heißt, hierin zeigen sich Wünsche und Ziele, genauso wie Blockaden und Störungen. Die sieben Energieformen geben also auch Hinweise auf unsere Vorlieben, Abneigungen und Bedürfnisse.

Um die positiven Kräfte dieser sieben Energieschwingungen in sich zu erwecken und noch stärker auszuprägen, findest du im Anschluss an jede Raumbeschreibung eine kleine Meditationsübung. Damit kannst du den Zugang zu diesen speziellen Energien auf deiner unbewussten Ebene öffnen.

Die KÜCHE

 ## Die Küche – die dynamische Energie und die Fähigkeit zum Kämpfen und Abgrenzen

Dynamisch ist die Energieschwingung einer Küche. Für manche mag das überraschend sein, da sie die Küche als Raum der Begegnung wahrnehmen und sie somit eher der gemütlichen Energie zuordnen würden. Gemütlich ist aber das Essen, nicht das Kochen. Daher ist diese sanftere Energieschwingung im Esszimmer zu finden, nicht aber in der Küche selbst. Hier wird mit »gefährlichen« Geräten hantiert, mit Feuer und Stahl, das heißt mit Herd und Schneidewerkzeugen. Es ist eine aktive und auch aggressive Kraft, die hier vorherrscht.

Dieselbe Energieschwingung ist in Werkstatt und Hobbyraum zu finden, sofern dein Zuhause damit ausgestattet ist. Auch hier wird handwerklich gearbeitet, es entsteht etwas, aber eine gewisse Verletzungsgefahr ist vorhanden.

Kennst du Menschen, die Probleme haben sich abzugrenzen? Immer wieder sagen sie Ja, wenn sie Nein meinen. Sind sie wirklich nur zu nett? Frage sie mal nach Ordnung und Unordnung in ihrer Wohnung!

Vielleicht erzählen sie dann, die Wohnung sei durchaus aufgeräumt, na ja, bis auf die Küche. Da herrsche Chaos pur. Ein Zufall? Wohl kaum, denn Zufälle gibt es nicht. Das Thema Abgrenzung hat einen direkten Bezug zur dynamischen Energie, die sich wiederum in der Küche spiegelt. Diese Kraft ist es doch, die uns beim Abgrenzen hilft und uns einen gesunden Selbstschutz verleiht. Ist sie geschwächt, lässt man sich zu oft ausnutzen und wahrt die eigene Grenze nicht. Die Folge können durchaus häufige Verletzungen und Verbrennungen während der Küchenarbeit sein. Es hilft, die dynamische Energie aufzubauen und damit die eigenen Abwehrkräfte zu stärken.

Gestalte deine Küche so um, dass es dir Spaß macht, dich hier aufzuhalten. Ob du Frühstück zubereitest, dir einen Salat machst, einen Kräutersaft presst oder ein Vier-Gänge-Menü zauberst – wenn du alle diese Tätigkeiten gern machst und es dir stressfrei gelingt, ist das Ziel erreicht. Wirkungsvoll sind natürliche Materialien wie Holz oder Stein. Vielleicht legst du dir zum Anfang nur einige Kiesel aufs Fensterbrett? Ein Symbol ist es immerhin! Belebend wirken außerdem Objekte in einer leuchtenden Farbe – etwa in Feuerrot oder Grasgrün.

Über kurz oder lang kannst du eine Veränderung im Umgang mit anderen Menschen feststellen. Das Thema mit der schwierigen Abgrenzung könnte sich gelegt haben. Du traust dich, deine Meinung zu sagen und riskierst auch mal einen Konflikt. Du stehst zu dir. Jetzt kannst du mit deiner Familie und deinen Gästen Spaß haben und doch dir selbst treu bleiben.

MEDITATIONSÜBUNG
für die dynamische Energie:
LAUFEN UND TROMMELN

Bewegung, nicht das Stillsitzen, ist das Lebenselixier für Menschen mit dynamischer Energie und alle, die diese Kraft in sich fördern wollen. Beim Joggen und Laufen kommen Körper und Geist in Balance. Die aufgeregten Stimmen im Kopf werden ruhiger und interessante Wendungen und Lösungen zeigen sich, während du dich gleichmäßig bewegst.

Lasse anfangs zu, dass du mal schnell, mal langsam läufst, mal ausladende Schritte machst, mal trippelst, mal mit den Armen wedelst. Mit der Zeit wird dein Lauf ruhiger und ausgeglichener. Dann weißt du: Jetzt kommt dein Inneres zur Ruhe. Die Umgebung, in der du dich bewegst, darf gern gleichförmig und sogar eintönig sein. Ideal sind Gegenden mit wenigen Wechseln, wie Wiesen und Felder. Umso einfacher wird es, irgendwann nicht mehr zu schauen und zu denken, sondern einfach zu laufen, in deinem Rhythmus und Tempo. Die Ruhe im Kopf ist ungewohnt, aber eine Wohltat. Sie macht frei von Ärger, von Sorgen und auch von Schmerzen. So frei, dass sich neue Wege zeigen können.

Nach so einem Lauf bist du tiefenentspannt – eine gute Zeit, um sich auf Traumreise mit einer Trommel zu begeben. Mit diesem Instrument lässt sich eine Atmosphäre aufbauen, die an uralte Zeiten und Kulturen erinnert. Es ist, als würde die Verbindung zu allen Schamanen der Welt gewebt, wenn Trommeln im Raum ertönen. Die Urkräfte kommen zum Klingen.

Beginne sanft, in bedächtigem Rhythmus. Erhöhe die Geschwindigkeit, werde schneller und wieder langsamer. Verstärke die Schlagkraft, lasse die Töne anschwellen und wieder abklingen. Probiere selbst, was es mit dir macht, wenn du dich dem Rhythmus hingibst. Lasse dich von deiner Intuition führen. Lasse dich von der Trommel führen.

Wenn du darin etwas Übung hast, nimm dir ein Thema vor, für das du trommelst. Du kannst trommeln, um Verletzungen, Wut und Trauer herauszulassen. Du kannst zum Trösten und Versöhnen trommeln. Du kannst trommeln, um heilende Kräfte herbeizurufen. Du kannst trommeln, um Lösungen zu finden. Du kannst trommeln, um Botschaften zu versenden. Du kannst für die Freude trommeln. Es gibt kein »Richtig« oder »Falsch«. Lasse zu, was aus den Tiefen deines Herzens aufsteigen will.

Das Esszimmer – die gemütliche Energie und die Fähigkeit zum Genießen

Ob Esszimmer, Essecke oder ein Tisch mit zwei Stühlen – wo gegessen wird, ist die gemütliche Energie zu Hause. Hier lässt sich genießen – das Essen, das Trinken, das Zusammensein. Es ist ein Raum, der die Sinne und die Lebensgeister anspricht. Seine Energie ist nährend, ruhig und sehr sinnlich.

Wie steht es nun mit deiner Fähigkeit, das Leben zu genießen? Gönnst du dir Zeit für das, was dir Freude macht? Liebst du es, deine fünf Sinne anzusprechen, liebst du das bewusste Sehen, Hören, Riechen, Schmecken und Fühlen? Hältst du dich selbst für einen sinnlichen Menschen? Wenn nein – wärst du gern so?

Nun wirf einen Blick auf deinen Essbereich. Ist er ansprechend gestaltet? Hat man Lust, sich hier niederzulassen, zu essen und zu reden? Oder ist es ungemütlich, d. h. würde man nur schnell nebenbei etwas essen und dann sofort wieder aufspringen und den Raum verlassen? In diesem Fall nährst du dich selbst vermutlich zu wenig. Sorge mehr für dich! Sei dir selbst eine Mutter! Zeige an diesem Raum, dass du einen guten Kontakt zur Natur hast. Blumen auf dem Tisch oder am Fenster wären ein guter Anfang.

Vor allem: Rege die fünf Sinne an. Sorge für eine leuchtende Farbe. Mache Musik an. Kümmere dich um einen guten Duft. Wähle Tisch und Stühle aus Materialien, die du gern berührst. Nimm Gläser und Besteck, das du gern anfasst. Und stelle eine Schale mit Obst oder Nüssen auf, sodass der Geschmackssinn auch dann angeregt wird, wenn du gerade nicht isst.

So nährst du nicht nur deinen Körper, sondern auch deinen Geist und deine Seele. Du kommst zur Ruhe und findest wieder Freude am Leben. Das Esszimmer ist ein Ort, an dem du das Genießen wieder lernen kannst – und das Lachen.

MEDITATIONSÜBUNG
für die gemütliche Energie:
EINEN BAUM UMARMEN

Sinnliche Wahrnehmungen gehören zum Leben von Menschen mit gemütlicher Energie unbedingt dazu. Unsere virtuell und technisch geprägte Welt verbaut den Zugang dazu oftmals. Umso wichtiger ist es für Gemütsmenschen und solche, die es werden wollen, sich zu erden. Hervorragend wirkt hierzu eine Baum-Meditation.

Stelle dir in Gedanken vor, hinaus in die Natur zu gehen. Sieh dich über eine Wiese spazieren, langsam, achtsam, voller Freude. Mitten auf der Wiese steht ein großer, alter Laubbaum. Vielleicht kennst du ihn schon? Nähere dich, und betrachte ihn eingehend – sein grünes Blätterdach, seine zerfurchte Rinde, seinen festen Stamm und die Wurzeln, die tief in die Erde hineingreifen. Nimm Kontakt auf mit dem Baum. Ruhe dich an ihm aus. Dein Baumfreund ist stark. Er bietet Halt. Nach einiger Zeit fühlt es sich an, als würdest du mit ihm verschmelzen. Du wirst ein Teil der Rinde, spürst die Stabilität seines Stamms und spürst, wie es ist, mächtig in der Landschaft zu stehen. Immer feiner und durchlässiger wirst du in deinen Gedanken. So ist es dir möglich, mit dem Baum in sein Wurzelwerk hinabzusteigen. Dunkel, aber warm ist es hier in der Erde. Es fühlt sich geborgen an, eine schützende und nährende Energie. Du fühlst dich in die großen, starken Wurzeln ein, aber auch in die unzähligen feinen Wurzeln. Der bittere Geschmack der Erde tut dir gut. Aus dem Boden saugst du Nährstoffe und Wasser auf. Und mit Schwung gleitest du nach oben, den Stamm hinauf, bis in die Äste und Zweige. Hier, unter dem Blätterdach, ist alles lebendig, voller Bewegung, voller Lust, voller Möglichkeiten. Diese Welt der Baumkrone, die dem Himmel so nah ist, ist lauter und flirrender als die Halt gebende Welt unten in der Erde.

Kennengelernt hast du nun beide Seiten, die ruhige, behütende Kraft der Wurzeln und die lebendige, frische Kraft der Baumkrone. Mit dem nächsten Windstoß lässt du dich fallen wie ein Blatt und landest sanft am Fuße deines Baumes. Hier ruhst du noch ein wenig aus. Schließlich bedankst du dich bei deinem Baum für die spannende Erfahrung von Festigkeit und Sicherheit auf der einen Seite und von Beweglichkeit und Luftigkeit auf der anderen Seite. Nun machst du dich auf den Rückweg, gehst über die Wiese zurück, bis du in Gedanken wieder in deinem Zuhause angekommen bist. Du atmest tiefer und bist wieder ganz da, im Hier und Jetzt.

Das ARBEITS-ZIMMER

Das Arbeitszimmer – die vielseitige Energie, das Lernen und die Kontakte

Ein Arbeitszimmer im Haus zu haben, und sei es als Nische in einem anders genutzten Raum, bringt die vielseitige Energie mit herein. Es kann sich dabei um einen Hausarbeitsraum handeln, in dem gebügelt, genäht und gebastelt wird. Es kann sich auch um ein Arbeitszimmer mit Computer und Telefon handeln. Hier werden Ideen kreiert, hier wird gelernt, geschrieben, gerechnet, gemalt, telefoniert, bestellt, verkauft und gemailt – was immer eben zu den Tätigkeiten gehört, die man als Aufgaben und Arbeit bezeichnet. Es ist wie ein kleiner Marktplatz im Haus, ein belebter und durchaus auch kommunikativer Raum. Von hier aus lassen sich Verbindungen knüpfen.

Wie steht es um deine Verbindungen mit anderen Menschen? Sind sie blockiert? Fühlst du dich oft einsam? Findest du schwer Anschluss? Kennst du deine Nachbarn? Hast du viele Freunde? Sind es virtuelle Kontakte, oder triffst du deine Freunde auch persönlich? Geht es dir gut mit deinen Freunden? Und wie geht es dir mit deiner Arbeit? Magst du deine Arbeit? Lernst du gern? Lernst du leicht?

Nun schaue dir die Gestaltung dieses Raumes an: Ist dein Arbeitsplatz ansprechend gestaltet oder in einer eher düsteren Ecke untergebracht? Lädt dieser Raum zum Arbeiten ein? Lädt er dazu ein, sich auszutauschen und aktiv zu werden? Magst du das, was du hier tust – sei es zu arbeiten, sei es, Geburtstagsgrüße zu schreiben und Kontakt mit Freunden und Familie zu halten? Kannst du dich hier gut konzentrieren?

Schaffe dir eine Atmosphäre, die anspornt. Nichts Mühsames und Gezwungenes sollte von diesem Raum ausgehen. Er soll anregend wirken und deine Einfälle fördern. Leichtigkeit vermitteln Farben wie Strohgelb, Hellgrün und natürlich Weiß. Und du brauchst Licht zum Denken und zum Tun, viel Licht! Ein schönes Symbol für Beweglichkeit und Kontaktfreude ist ein Mobile. Das Ziel ist, dass dir deine Tätigkeiten leichtfallen, dass du gern lernst und so viele Kontakte hast, wie du möchtest.

MEDITATIONSÜBUNG
für die vielseitige Energie:
ATMEN UND SCHREIBEN

Über den Atem lässt sich ein unruhiger Geist zentrieren und zur Ruhe bringen. Das ist genau das Richtige für Menschen mit vielseitiger Energie, die mit ihren unendlich vielen Ideen zum Zerfleddern neigen. Atemübungen haben einen positiven Effekt auf den Kreislauf und versorgen Körper und Geist mit frischer Kraft. Dies wiederum können Menschen gut brauchen, denen es an Ideen mangelt und die ihren Einfallsreichtum und damit die vielseitige Energie in sich zum Sprudeln bringen wollen.

Beobachte für eine Weile deinen Atem. Lausche aufmerksam dem Atemfluss, dem Einatmen und dem Ausatmen. Verlängere für einige Atemzüge das Einatmen, und verlängere das Ausatmen. Lasse beides gleich lang werden. Innere Balance stellt sich ein.

Nun bist du bereit für die nächste Übung – das meditative Schreiben. Ziehe dich dazu mit Papier und Stift an einen ruhigen Ort zurück. Dann schreibe unreflektiert deine Gedanken mit, wie sie auftauchen. Es spielt keine Rolle, ob es tiefsinnige Sätze sind, einzelne Wörter oder nur Wortfetzen. Sie können auf ein einziges Thema bezogen oder zusammenhanglos aneinandergereiht sein, ganz so, wie es auch im Kopf manchmal rundgeht. Infos über fällige Arbeiten, Termine oder die Einkaufsliste können darunter sein, genauso wie alle Arten von Gefühlen. Schreibe alles auf, was du in deinem Inneren hörst, ganz gleich, ob es wenig oder viel ist. Bewerte es nicht, urteile nicht darüber. Auf diesem Papier darf alles stehen. Auch wenn es verletzend ist, wenn es ungerecht oder böse ist. Niemand wird es zu lesen bekommen, denn du kannst den Zettel zum Schluss verbrennen, wenn du möchtest. Traue dich, alles herauszulassen. Schreibe Wort für Wort mit oder notiere Stichpunkte, so, wie es sich für dich gut anfühlt. Nach kurzer Zeit wirst du merken, dass der Gedankenfluss ruhiger und geordneter wird. Der Andrang mäßigt sich. Stattdessen tauchen nun klare Gedanken und gute Ideen auf. Du hast in deinem Kopf wieder das Sagen.

Wenn du dir nicht zutraust, von selbst ein Ende zu finden, nutze einen Timer oder Wecker und begrenze die Dauer der Schreibmeditation von vornherein, etwa auf eine Viertelstunde. Wiederholen kannst du diese Art der Meditation täglich – und jedes Mal werden die Gedanken klarer.

Das SCHLAF-ZIMMER

 ## Das Schlafzimmer – die sensible Energie, die Fantasie, die Liebe und die Fähigkeit zum Heilen

Wenn wir uns entspannen und während wir schlafen, haben die unbewussten Kräfte das Sagen. Wir sind im Reich der Gefühle – im Schlafzimmer. Hier ist der intimste Ort des Hauses. Nicht jeder darf es betreten. Das Schlafzimmer ist wie ein Rückzugsort für die Seele, der innerste Raum sozusagen. Hier finden wir Geborgenheit und Ruhe.

Wir trauen uns, Gefühle zu zeigen, wir können Intimität und Vertraulichkeit zulassen. Es ist ein Raum der Liebe. Und es ist der Bereich, in dem wir uns so zeigen können, wie wir sind, nackt, ohne Schminke, ohne etwas darstellen und beweisen zu müssen. Hier träumen wir, hier schlafen wir. Hier sind wir offen, verletzlich und extrem empfindsam. Dies alles erfordert eine Umgebung, die bestmöglichen Schutz bietet, die aber auch Raum lässt für Fantasien und Träume.

Wie schätzt du dich ein: Hast du Fantasie? Lebst du deine Fantasie? Lebst du deine Träume? Träumst du viel? Kannst du dich gut entspannen? Kannst du verzeihen? Und lieben? Wie steht es um deine Partnerschaft? Gibt es hier Liebe und Vertrauen, oder gibt es Verrat und Verletzungen?

Schaue dich in deinem Schlafzimmer um. Lädt es ein, sich fallen zu lassen, lädt es ein zu träumen, ist es dazu gemacht, die Liebe zu wecken? Fühle in dich hinein. Was spricht deine Gefühle an? Was brauchst du, damit du Ruhe findest, damit du träumen kannst, damit du lieben willst? Gestalte dein Schlafzimmer so, dass es deinem inneren Wesen entspricht – hell und fröhlich, erotisch, verspielt, elegant oder sehr kuschelig.

Dieser Raum darf gern auch an die eigene Kindheit erinnern, an das Kind in sich, das Innere Kind. Ganz wunderbar kannst du in der sensiblen Energieschwingung des Schlafzimmers Kontakt mit deinem Inneren Kind aufnehmen. Verletzlich und eigenwillig will es so angenommen werden, wie es ist. Freunde dich mit deinem Inneren Kind an! Und schenke ihm eine förderliche Umgebung. Kinder nämlich sind immer kreativ und sehr fantasievoll. Das gilt auch für die Inneren Kinder! Wenn du dein Inneres Kind kennst, weckst du damit deine Kreativität und deine Fantasie. Deine Seele kann sich entfalten und wird dir helfen, deinen Gefühlen, deinen Träumen und den unbewussten Schichten deines Selbst ein Stück näherzukommen. Dann brauchst du nur noch in dich zu gehen, und du weißt, was dir guttut, was dir schadet und was dich heilt.

MEDITATIONSÜBUNG
für die sensible Energie:
DIE QUELLE KENNENLERNEN

Sensible Menschen sind voller Fantasie und können wunderbar träumen. Sie sind einfühlsam und hilfsbereit. Unvermittelt können sie die Seinsebenen wechseln. Ihre Verbundenheit zur nicht-sichtbaren Welt jedoch macht ihre Aura durchlässig und angreifbar. Dadurch laugen ihre Kräfte aus. Sie sollten sich schützen! Das gilt auch für alle anderen Menschen, die sich gerade sehr angreifbar fühlen oder die ihre sensible Wesensseite besser kennenlernen möchten. Für einen guten Auraschutz zu sorgen, bedeutet übrigens nicht, sich vor Einflüssen von außen zu verschließen. Es bedeutet, die eigene Energiequelle zu schützen.

Komme zur Ruhe, atme tiefer, und stelle dich ganz auf deine Innenwelt ein. Mache dich nun auf, deine Energiequelle kennenzulernen. Lasse Bilder in dir aufsteigen. Schaue, was sich zeigt. Es kann eine Quelle sein, die auf einer Wiese entspringt. Es kann eine Felsenquelle sein. Es kann ein Vulkan sein. Es kann ein Baum sein. Möglicherweise siehst du eine Höhle mit funkelnden Edelsteinen. Vielleicht ist es auch eine Lichtung voller Heilkräuter? Oder etwas ganz anderes. Schaue, welches Bild in dir auftaucht. Erkenne, dass dies deine persönliche Energiequelle ist, die nur für dich gedacht ist, um deine Seele auf diesem Erdenleben zu versorgen. Lasse das Bild deiner Quelle auf dich wirken. Gehe ganz dicht heran, und tauche in die großartige, nährende Energie deiner Quelle ein. Es ist deine Quelle. Bedanke dich für das Kennenlernen deiner Energiequelle, und behalte das Bild tief in dir. Dann komme wieder zurück ins Hier und Jetzt – mit dem Wissen um deine ganz besondere und kraftvolle Quelle.

Jetzt verstehst du: Wenn andere aus deiner Quelle nehmen, werden sie nicht wirklich satt. Diese Menschen brauchen eine andere Energie, nämlich die aus ihrer eigenen Quelle. Daher nützt es nichts, ihnen von deiner Energie etwas abzugeben. Es ist eine Illusion, damit etwas Gutes zu tun. Die anderen macht deine Energie nicht satt, dir aber fehlt dieser Anteil. Du merkst das an deinem Ausgelaugtsein. Nimm deine Kraft für dich, und werde der Welt dienlich, indem du sie kraftvoll einsetzt. Nutze deine Einfühlsamkeit, indem du anderen Wesen hilfst, den Zugang zu deren eigener Quelle zu finden. So ist die heilende Wirkung für alle von bleibender Kraft.

Das WOHN-ZIMMER

Das Wohnzimmer – die glanzvolle Energie, das Selbstbewusstsein und die Schöpferkraft

Der zentrale Ort des Hauses ist das Wohnzimmer. Es ist ein repräsentativer Ort. Hier können wir uns zeigen und unser Selbst strahlen lassen. Das erfordert Selbstvertrauen und Selbstbewusstsein. Selbstbewusste Menschen bringen sich ins Leben ein. Sie sind schöpferisch, sie schaffen etwas Bleibendes.

Ist das Wohnzimmer nicht der Mittelpunkt im eigenen Zuhause, sondern ein anderes Zimmer, sollte man schauen, wohin die Mitte verschoben ist. Manche Menschen definieren sich über ihre Aktivitäten – ihr Zentrum liegt eindeutig in der Küche. Andere erzählen von einem gelungenen Tag, wenn sie mit Freunden oder mit der Familie zusammen viel und gut essen. Ihr Zentrum liegt im Esszimmer.

Das eigentliche Wohnzimmer dagegen benutzen diese Menschen sehr selten, so als sei es im Alltag nicht wert, das eigene Selbst wichtig zu nehmen und es in den Mittelpunkt zu rücken.

Manche Häuser haben ein überdimensioniertes Wohnzimmer. Wer hier wohnt und sich häufig hier aufhält, für den kann die Erforschung des eigenen Ichs, die Entdeckung des Selbstwertgefühls gerade ein gro-ßes Thema sein. Eine neue Entwicklung beginnt eben oftmals mit einer Übersteigerung dessen, was man erreichen will. Haben sie es geschafft, ziehen sie entweder um oder nutzen den Raum anders – bauen eine Arbeitsecke ein und passen den eigentlichen Wohnbereich an die Größe der übrigen Wohnung an.

Der Mittelpunkt sollte das Wohnzimmer dennoch bleiben. Hier ist die Kraft zu Hause, die uns selbstverständlich leben lässt. Wir brauchen uns nicht zu beweisen, wir müssen nichts tun. Wir dürfen einfach nur sein. Alleine, dass wir da sind, ist genug. Dieses Gefühl tragen nur wenige Menschen als Selbstverständlichkeit in sich, die meisten müssen es sich erarbeiten. Aber da zu sein und einen Platz auf der Erde zu haben, ist dennoch unser Geburtsrecht.

Wähle daher bewusst deinen Wohnraum als den wichtigsten Raum. Ge-stalte dieses Zimmer schön und besonders prachtvoll. Zeige Glanz. Und halte dich so oft wie möglich darin auf. Genieße es, dort deine Persönlich-keit besonders hell strahlen zu lassen. Deinem Selbstwert wird es guttun. Diese kleine und schöne Übung wird dich kräftigen für die Anforderun-gen des Lebens. Mache deinen Wohnraum zu einem Ort, an dem du Ruhe und Entspannung finden kannst, zu einem Ort der Kraft. Das wird dich erfrischen und dir Lust auf neue Unternehmungen schenken.

MEDITATIONSÜBUNG
für die glanzvolle Energie:
ROSEN FÜR DAS HERZ

Wie es ist, der Mittelpunkt des Geschehens zu sein, kennen Menschen mit glanzvoller Energie nur zu gut. Andere trauen sich dies eher selten zu. Mag sein, dass sie den Mittelpunktsdrang der anderen übertrieben finden, dennoch sehnt sich auch ein Teil ihres Wesens nach Aufmerk-samkeit. Es erfordert allerdings Kraft, diese Position auszuhalten. Ins

Lot kommt die Fähigkeit, im Blickpunkt zu stehen, wenn sie mit Herzensfreude und Schöpferkraft verbunden wird. Dies macht das Leben erst richtig reich und rund. Eine Rosen-Herz-Meditation kann den Weg zu wahrer glanzvoller Energie bereiten.

Schließe dazu die Augen, lasse den Trubel des Tages hinter dir, und konzentriere dich ganz auf dein Herz. Fühle in dich hinein, und freue dich darauf, dein Herz weit und froh werden zu lassen. Begib dich nun in deiner Vorstellung hinaus in die Natur. Stelle dir vor, wie du an einem sonnigen Tag spazieren gehst. Ein sanft gewundener Weg führt durch Wiesen und Felder. Blumen blühen in allen Farben am Wegesrand. Die Atmosphäre ist friedlich und sehr entspannt. Nach einer Weile gelangst du an einen großen Garten. Unzählige Rosen sind hier gepflanzt worden, herrliche rosafarbene und rote Rosen. Du siehst Knospen, voll erblühte und auch welkende Blüten. Schön sind die Rosen immer, jede auf ihre Weise. Du bleibst stehen, atmest tief ihren betörenden Duft ein und tauchst in die Aura der Rosen ein. Es ist ein Zauber, der diese Blumen umgibt. Sie sind kraftvoll, schön, wehrhaft, unübersehbar und vor allem voller Liebe. Dein Herz geht auf. Tief nimmst du die Energie dieser herrlichen Rosen in dich auf. Streichle sanft über eine Rosenblüte. Lasse eine der kraftvollen roten Blüten in deiner Hand liegen, lasse dann auch eine der zarten rosafarbenen Blüten in deiner Hand ruhen. Verweile so lange, bis du fühlst: Auch du bist wie eine Rose – voller Kraft, Schönheit und Liebe. Du brauchst dich nicht zu verstecken. Du darfst blühen und strahlen. Du spürst, wie sich dein Herz mit Dankbarkeit füllt, wie es überfließt und ganz weich und mitfühlend wird, wie es dazu aber auch wehrhaft und stark ist. Mit dem Gefühl der unendlichen Liebe bedankst du dich bei den Rosen für ihre wertvollen Botschaften und verabschiedest dich von dem Garten. Über die Blumenwiese kehrst du wieder ins Hier und Jetzt zurück, angefüllt mir prachtvollen Bildern und einem feinen, inneren Rosenduft. Du atmest tiefer und bist wieder ganz im Hier und Jetzt.

Das BAD

Bad und Meditationsraum – die klare Energie, die Ordnung und die Gesundheit

Klarheit, Ordnung und Reinheit gehören zusammen. Kein Raum könnte diese Energieform besser erfüllen als ein Bad. Hier geht es darum, den körperlichen Schmutz abzuwaschen, sich zu reinigen und den Körper mit Frische und guten Düften anzureichern. Wer sich mit Aurareinigung beschäftigt hat, weiß, dass diese überall möglich ist – und im Bad besonders gut funktioniert. Die Vorstellung, beim Duschen nicht nur den Staub der Straße abzuspülen, sondern sich auch von Belastungen zu reinigen, ist denkbar einfach. So wird aus einem Duschvorgang eine ganzheitliche Reinigung.

Ein Bad mit wenig Licht und schlechter Belüftung wirft Fragen nach der Klarheit im Leben der Bewohner auf. Ist es ungepflegt oder hat es kaputte Einrichtungsteile? Frage dich, wie es um deine eigene Pflege bestellt ist. Kümmerst du dich um deinen Körper, um deine Seele? Nimmst du dir genug Zeit, dich von Problemen anderer Leute zu trennen und eigene Sorgen abzustreifen? Herrscht in deinem Leben Ordnung? Fühlst du dich gesund?

Um Klarheit, Gesundheit und Ordnung ins Leben einzuladen, hilft Putzen und Sortieren. Die Gestaltung kann durchaus romantisch sein, wenn das dein Stil ist. Prüfe dennoch bei jedem Gegenstand, ob er hier stehen muss. Wähle außerdem ein Symbol, das für dich größtmögliche Klarheit spiegelt. Gut eignen sich dafür Objekte aus Glas sowie einfarbige, geometrische Körper – eine Pyramide, ein Würfel, eine Kugel.

Vielleicht möchtest du dich in deine Badewanne zum Entspannen und Meditieren zurückziehen – oder du hast einen eigenen Meditationsraum. Beides ist wunderbar! Denn in einer Meditation findet deine Seele zu Klarheit und Ordnung. Die klare Energie erfährt hier quasi eine Erhöhung.

MEDITATIONSÜBUNG
für die klare Energie:
ACHTSAM LEBEN

Aufmerksam nehmen Menschen mit klarer Energie ihre Umwelt wahr – auch, wo etwas nicht in Ordnung ist und einer Verbesserung bedarf. Im Grunde ist dies eine sehr wertvolle Eigenschaft, da es die Gesellschaft weiterbringt. Problematisch wird es, wenn die ausgeprägte Beobachtungsgabe in übertriebene Kritiklust ausartet. Diese macht die Seele müde. Eine feine Übung, um die Balance wiederzufinden, ist es, die Kritik in Achtsamkeit zu verwandeln. Davon können auch alle anderen profitieren, die sich einen guten Zugang zu der klaren Energie und damit einen klaren Blick auf die Welt wünschen.

Bei dieser Achtsamkeitsübung darfst du alles wahrnehmen, was ist und wie es ist. Das Training besteht darin, für eine Stunde das Werten zu unterlassen. Urteile in dieser Zeit nicht, ob etwas gut oder schlecht sei, nimm mit ungeheurer Genauigkeit lediglich den Ist-Zustand wahr. Achte dabei auch auf deine Gefühle. So achtsam du in der Regel mit deiner Gesundheit und auch mit deinem Zuhause und der Natur umgehst, im Hinblick auf die Gefühle sieht es da oft mager aus. Zu hart fallen deine Mitteilungen anderen gegenüber aus, zu kritisch deine Urteile über dich selbst. Achte daher in dieser Stunde auch auf deine Gedanken und Worte, mit denen du deine Gefühle ausdrückst. Bewerte auch diese nicht. Nimm für diese Weile die Menschen und dich selbst so an, wie sie eben sind bzw. du eben bist. Korrigieren und verbessern kannst du später wieder. Jetzt gilt es, ganz behutsam zu sein. Dazu zählt, Entwicklungen zuzulassen und einander zuzugestehen, dass Fehler sein dürfen. Sei achtsam mit deiner Seele, mit deinem Herzen, mit deinen Gefühlen. Lasse Weichheit zu. Überströme die Unzulänglichkeiten mit Liebe.

Diese besondere Stunde, in der du alles sehr genau beobachtest, dabei aber auf das Urteilen und Werten verzichtest, baust du eine Woche lang täglich ein, gleich morgens, am Abend oder auch während der Arbeit. Lasse in dieser Phase das Leben einfach geschehen. Du wirst diese Stunde bald zu lieben beginnen, denn du wirst die Freiheit spüren, die du dadurch gewinnst. Das enge Korsett von Fehlern und der Angst davor, von Perfektionszwang und Kritiksucht, wird aufgesprengt. Dagegen wächst die Fähigkeit, die Dinge, die falsch laufen, zu erkennen und zu verbessern. Du kannst diese Erkenntnisse viel besser nutzen, weil du mit Gelassenheit und Liebe verbunden bist.

Das BESONDERE ZIMMER

Empfangshalle, Salon und Bibliothek – die souveräne Energie und das Besondere im Leben

Eine Diele oder einen Flur hat fast jedes Haus. Doch ein Empfangsraum oder eine große Eingangshalle sind eher selten zu finden. Ebenfalls nicht üblich sind Salon und Bibliothek. Ein eigener Raum, um Gespräche zu führen oder Bücher zu lesen, ist für ein ganz normales Alltagsleben nicht notwendig. Schön sind solche Räume aber doch. Sie sind etwas Besonderes, etwas, was nicht jeder hat. Es erfordert, sich von geltenden Normen unabhängig zu machen und seinen eigenen Stil zu leben. Das weist schon auf deren Energieform hin, die souveräne Energie.

Wie wichtig ist es für dich, deine Besonderheiten zu leben? Trittst du gern einmal aus dem Einheitsbrei der Masse heraus? Liebst du deine Individualität? Philosophierst du gern? Liebst du das Reisen? Kennst du die Welt? Kennst du Menschen aus anderen Ländern und Erdteilen? Triffst du dich mit anderen zu Gesprächen und Diskussionen über Gott und die Welt? Ist es in deinem Leben von Bedeutung, dass du Gäste einlädst?
Oder macht dir die Vorstellung von tiefgründigen und philosophischen Gesprächen mit anderen Menschen eher Angst? Möchtest du keine

»Fremden« bei dir zu Hause haben? Willst du lieber in der Masse untergehen statt aufzufallen?

Wenn du dich in einem Winkel deines Herzens danach sehnst, deine Besonderheiten zu entdecken und zu leben und die Vielfalt der Welt kennenzulernen, dann öffne dieser souveränen Energie die Tür. Gestalte einen Raum in ungewöhnlicher Weise, unabhängig von den aktuellen Modetrends, nur so, wie du es möchtest. Lasse gern deine Reiseerinnerungen hier einfließen. Schaffe Platz, damit mehrere Menschen zusammensitzen können. Schaffe Platz für einen Sessel, wo du nachdenken, lesen und Musik hören kannst. Schaffe einen freien Raum, einen Freiraum. Dort darf sich etwas Neues entwickeln.

MEDITATIONSÜBUNG
für die souveräne Energie:
FÜR DEN FRIEDEN BETEN

Manchmal wird Menschen mit souveräner Energie unterstellt, sie würden an nichts glauben. Das stimmt so allerdings nicht. Sie lassen sich nur nicht in vorgefertigte Schemata pressen und wollen daher meist nicht zu einer bestimmten Religionsgruppe gehören, die ihnen Pflichten und Rituale auferlegt. Sie wollen auch in dieser Hinsicht frei sein. Einen Bezug zur himmlischen Welt aber haben sie in großem Maße. Ihre Kanäle sind weit geöffnet. Von dort kommen ja auch ihre wegweisenden Eingebungen, ihre plötzlichen Ideen, ihre findigen Lösungen, kurz: ihre Genialität. Daher können sie auch sehr gut beten. Vorgefertigte Floskeln verwenden sie dabei eher selten. Ihre Gebete hören sich eher an wie ein Zwiegespräch mit einer guten Freundin, einem guten Freund, manchmal auch wie eine Ansprache. Aber sie entstehen aus einer klaren Grundhaltung heraus und sind daher sehr wirkungsvoll. Wenn du zu den souveränen Menschen gehörst oder dich mit dieser unabhängigen Kraft verbinden willst, probiere deine Art der Kontaktaufnahme mit dem Göttlichen.

Mache dir bewusst, dass es dir ums große Ganze geht. Und dass dies zuweilen wichtiger ist als das Schicksal eines Einzelnen, inklusive deines eigenen Wohlergehens. Das bedeutet nicht, dass du das Leben gering schätzt, im Gegenteil. Auf individuelle Entwicklung legst du großen Wert. Aber du weißt, dass sich jeder Mensch dann am besten entfalten kann, wenn er in einer Atmosphäre von Frieden und Freundschaft, von Wohlstand und Wohlwollen lebt. Wenn jeder nach seinem Gutdünken leben kann, sind alle glücklich, neiden einander nichts, müssen sich also nicht bekämpfen, sondern leben friedlich miteinander. Um dieses Ziel zu erreichen, betest du für den Frieden für alle. Strebe solch ein hohes Ziel an. Strebe in allen Bereichen hohe Ziele an. Begnüge dich nicht mit weniger. Gar nicht erst an die Möglichkeit der Realisierung zu glauben, ist doch die eigentliche Bankrotterklärung. Man muss es zumindest versuchen. Mache dir bewusst: Deine Forderung zeugt von großem Vertrauen und Glauben an die Weisheit der menschlichen Seele und ist daher zurecht dein Anspruch. Bete für den Weltfrieden, und finde dafür deine eigenen Worte. Du weißt, was du sagen wirst.

 ## Kinderzimmer – ein Raum mit wechselnden Energien

Die Energieformen im Kinderzimmer ändern sich, wie sich auch beim Kind im Laufe seiner Entwicklung die Bedürfnisse verändern. Im Kinderzimmer gilt also, dass die Umgebung mit dem Kind sozusagen mitwächst. Je nach Alter und Bewusstsein verändern sich darin Einrichtung, Stil und Ambiente.

Bei einem kleinen Kind überwiegt unbedingt die sensible Energieschwingung. Das wohltuende Gefühl von Geborgenheit lässt das Kind wachsen und gedeihen. Es gibt ihm das Gefühl, willkommen zu sein, einen Platz zu haben auf der Erde und in der Familie. Dieses Zimmer sollte ein Ort sein, der Sicherheit und Geborgenheit ausstrahlt.
Zum Beginn der Schulzeit wird die vielseitige Energie wichtiger. Der Verstand wird entwickelt, die Interessen wechseln. Freunde kommen zu Besuch. Die Welt des Kindes wird größer und offener.
In der Pubertät kommt wieder eine andere Schwingung zum Tragen. Nun ist es die dynamische Energie, die gelebt wird. Es ist die oft anstrengende Phase, in der das Ego entdeckt wird und die Durchsetzung geprobt. Eigene Ziele werden entwickelt, der Heranwachsende stellt seine Weichen selbst.

Mit dem Erwachsenwerden wird die glanzvolle Energie entdeckt. Die größte Aufmerksamkeit gilt nun der eigenen Persönlichkeit. Es ist die Zeit, in der ein junger Mensch seine Fähigkeiten und Talente leben will.

Greife in allen Phasen der Entwicklung nur behutsam ein, und stelle deinem Kind stets eine Umgebung zur Verfügung, in der es sich gut entfalten kann. Beziehe schon früh Vorlieben deines Kindes mit ein – auch wenn es gerade eine Zeit durchmacht, in der es seine Natur verleugnet. Auch dies ist eine wertvolle Zeit des Suchens, Lernens und Kennenlernens und kann ihm helfen, seinen Platz im Leben zu finden.

 ## Mit den sieben Energien leben

Die sieben unterschiedlichen Energieschwingungen hast du nun kennengelernt. Vermutlich konntest du dich in diesen Beschreibungen auch ganz oder teilweise wiederfinden. Oder du hast Mitmenschen »erkannt«, die eine bestimmte Energieform besonders ausgeprägt verkörpern. Natürlich handelt es sich hierbei um grundlegende Strukturen, die jeder Mensch individuell lebt und für sich persönlich nach seinen Bedürfnissen abändert. Diese Freiheit haben wir.

Als lebende Wesen aber sind wir nicht fest gefügt. Zwar haben wir eine Grundstruktur, die uns zeitlebens zu eigen ist. Doch der Rahmen für Veränderungen ist weit gesteckt, sehr weit sogar. In manchen Lebensphasen richtet man sich ein und ist zufrieden, so wie es ist. Dann wieder gibt es Zeiten, in denen wir uns entwickeln und häuten wie eine Schlange, in denen wir ein anderes Gesicht von uns zeigen wollen und uns in bislang unbekannte Bereiche vorwagen. Wir wollen entdecken, größer werden, anders werden. Wir wünschen uns eine neue, eine andere Schwingung. Lasse dich nicht aufhalten, denn Erweitern geht immer. Du kannst mit den sieben Energien spielen und dir für jeden Zweck und jede Lebenslage genau das hereinholen, was du gerade willst und brauchst. Im folgenden Abschnitt geht es genau um dieses Thema – die persönliche Weiterentwicklung. Praktische Tipps zum Schützen und Energetisieren findest du außerdem im letzten Teil des Buches.

Die 7 Energien
in der
Natur finden
und nach Hause holen

Die *Natur* ist das,
was uns immer bleibt.

Auf die ERDE können
wir uns VERLASSEN.
Sie ist für uns da.

Was braucht der Mensch, um glücklich zu sein? Gute Freunde, eine harmonische Familie, ein schönes Zuhause, Gesundheit, eine erfüllende Arbeit … Die Liste ist lang, und die Punkte sind anfällig. Das Leben ist gespickt mit Herausforderungen. Mal hakt es hier, dann kneift es dort. Dass alle Bereiche gleichzeitig rund laufen, ist selten. Es mag ja zum Leben dazugehören, dass es immer wieder mal drückt und knirscht. Das Wissen darum macht es aber nicht leichter. Es gibt Schicksalsschläge, die einen Menschen fordern und ihm seine ganze Kraft rauben können. Zwar heißt es, wir bekommen immer nur so viel, wie wir auch ertragen können, doch wer mittendrin steckt, spürt erst einmal nur die Belastung. Der Schritt, bis aus der Forderung eine Überforderung wird, ist klein.

Manchmal fragt man sich, ob die früheren Generationen belastbarer waren. Sie hatten es ja nicht wirklich leichter als wir heute, denken wir nur an die großen Kriege oder die langen Zeiten des Mangels. Doch unsere Vorfahren hatten durchaus ihre »Zufluchtsorte«, durch den Zusammenhalt der Familien, durch die verlässlichen Rituale ihres Glaubens und auch durch ihren viel intensiveren Kontakt zur Erde. Ihr Alltag war weniger virtuell und insgesamt näher an der Natur.
Heute sind die Strukturen aufgeweicht. Die Beständigkeit ist einem immer schnelleren Wandel gewichen. Das verunsichert viele. Umso wichtiger ist es jetzt, für uns selbst Zeiten festzulegen und Orte zu suchen, an denen wir unsere Reserven wieder auffüllen können.

Auch wenn wir nicht gerade zimperlich mit ihr umgehen, so ist sie es, die letztlich alle Katastrophen überstanden hat. So unwirtlich und wüst ist kein Winkel der Erde, dass es nicht irgendeine Form von Leben gäbe.

Die Kraftorte auf der Erde sind so zahlreich wie die Herausforderungen, die uns im Laufe des Lebens begegnen. Ob Wüsten, Gebirge, Ebenen,

Meere, Flüsse oder Wälder: Die Natur lässt uns regenerieren, sie gibt uns Halt und Stabilität.

Sich an andere Menschen anzulehnen, wäre natürlich auch schön. Aber die anderen haben meistens gerade keine Zeit. Auch Halt in sich selbst zu finden, wäre schön. Aber gerade da ist in schwierigen Phasen alles mutlos und zerbrechlich.

Die Natur aber ist immer da, sie ist immer um uns. Selbst in jeder Großstadt lassen sich Oasen der Natur finden. Ihre Kraft ist unerschöpflich. Sie verströmt sich, als sei es ihre Aufgabe und als sei es ihre Freude und Lust. Die Natur heilt. Von der Natur können wir uns besondere Qualitäten abschauen und sie in unser Zuhause holen. Unser Planet bedeutet Leben. Wenn wir das tief in uns sacken lassen, wissen wir auch, dass wir im Kontakt zur Erde den Zugang zu neuer Lebenskraft finden werden.

Generell heilt die Natur immer, egal, wo wir uns gerade aufhalten. Nun gibt es aber für jeden einen Ort, an dem es ihm nicht nur vorübergehend etwas besser geht, sondern an dem er sich tief greifend regenerieren kann. Das sind Orte, die der eigenen Ausstrahlung ähnlich sind. So würde sich ein kühl rechnender Wissenschaftler beispielsweise im Gebirge wohlfühlen und ein gefühlvoller, verträumter Familienmensch an einem stillen See. Ein Mensch, der gern über die Weite und Unendlichkeit meditiert, kann sich auf dem Ozean wie zu Hause fühlen, ein sinnlicher Mensch würde dagegen eine grüne Hügellandschaft bevorzugen. Das funktioniert gut, wenn man sich mit der eigenen Anlage wieder stärker verbinden möchte. Wohlfühlen wird man sich dort immer, zu sich selbst finden kann man auch.

Aber: Nicht immer braucht man einen Ort, der dem eigenen Wesen ähnlich ist. Manchmal ist es eine genau gegensätzliche Energie, die guttut. Der Wissenschaftler etwa, der unter Seelenschmerzen leidet, wird diese in der Härte und Klarheit des Hochgebirges nicht heilen können. Der Gefühlsmensch, der sich zu nichts aufraffen kann, wird, an einem Seeufer sitzend, auch nicht in die Gänge kommen. Ein Meditierender, der Halt braucht, findet diesen nicht auf dem Meer. Und der genussliebende Mensch, der gern mal eine klare Grenze ziehen würde, kann dies nicht inmitten von sanften Hügeln lernen.

Es gibt Zeiten und Orte, die für die Linderung von Seelenschmerzen gemacht sind, andere, die Klarheit in den Geist bringen, und wieder andere, die den Tatendrang fördern. Für jedes Leiden und jedes Problem gibt es eine Zeit und einen Ort auf der Erde, die wie gemacht sind zur Heilung. Die Erde ist unsere Mutter, die uns nährt und heilt. In ihr liegt so viel Kraft. Davon zu nehmen, ist keine Ausbeutung, denn diese Kraft gibt uns die Erde gern. Sie ist für uns da. Es erfordert nur etwas Fantasie, die Besonderheit eines solchen Ortes auf das Zuhause zu übertragen. Doch es lohnt, denn es kann sich als wunderbare Therapie herausstellen, wenn sich ein belastendes Thema im Leben immer massiver zeigt.

Ein Ort, der immer Halt verspricht und neuen Mut gibt, ist übrigens ein starker, alter Baum. Lehne dich an. Setze dich darunter. Umarme seinen Stamm. Atme den würzigen Duft ein. Spüre, mit welcher Kraft dieser Baum steht. Nimm diese Standfestigkeit in dich auf. Wo immer du die Kraft der Natur gespürt hast: Vergiss nicht, danke zu sagen. Wer mag, kann ein kleines Geschenk hinterlassen. In der indianischen Tradition ist Tabak üblich. Du kannst der Erde aber auch andere Gaben schenken, eine Kupfermünze oder einen Edelstein vergraben, Weizenkörner oder Blumensamen verstreuen. Oder singe ein Lied. Vertraue darauf: Alles, was du mit Aufmerksamkeit und Bewusstheit tust, um dich bei deinem Kraftort zu bedanken, ist richtig.

Um ein spezielles Problem anzugehen, ist auch ein spezieller Ort notwendig. Um diese besonderen Kraftorte zu finden, schaue dir das Problem an, das dich bewegt. Dann lenke deinen Blick auf die Energie, die du brauchst, um dieses Problem zu lösen. Diese Energie kannst du bei dir zu Hause umsetzen. Du musst nicht gleich die komplette Wohnung umräumen, doch einen Raum solltest du dir gönnen, in dem du diese Qualität verwirklichst. Wohne anders, und du fühlst dich anders. Verändere deine Einrichtung, und du änderst dich. Das funktioniert! Wir haben ein Bett, einen Stuhl, einen Tisch, einen Schrank nicht nur, damit wir darin schlafen, darauf sitzen, daran essen und etwas aufbewahren können. Wir richten uns ein und demonstrieren damit ein Lebensgefühl. Mit der Art der Möbel, mit ihren Materialien und ihren Formen zeigen wir unseren Stil. Jeder von uns richtet sich seiner Persönlichkeit entsprechend ein. Oder auch dem entsprechend, was wir gern zeigen möchten. Vielleicht möchten wir Seriosität ausstrahlen. Oder wir fühlen uns als Künstler und leben gern in einer flippigen Umgebung. Mag sein, dass wir sehr geerdet sind und uns daher Robustheit wichtig ist. Was strahlst du aus?

Die Grundzüge deines Wesens lassen sich durch die Einrichtung nicht verändern. Im Kern deiner Persönlichkeit bleibst du, wer du bist. Aber: Du kannst durch Veränderungen in deinem Umfeld durchaus etwas in Bewegung bringen. Du kannst schädliche Verhaltensmuster ausmerzen und ungute Lebensentwürfe abstreifen. Stattdessen kannst du schöne und erstrebenswerte Ziele erreichen, die dein Leben leichter und schöner machen. Du kannst neue Facetten deiner Persönlichkeit entdecken und zum Glänzen bringen.

Durch die Wahl der Möbel und durch die Wahl der Farben kannst du dein Denken und Fühlen verändern. Das gilt nicht nur für die anderen Menschen, die dich nach einem Besuch anders wahrnehmen werden. Das gilt in erster Linie für dich selbst. Denn du bist ja fast täglich zu Hause. Deine eigene Ausstrahlung verändert sich, indem du dich anders einrichtest. Kreiere deinen Kraftplatz.

Probiere erst einmal in Gedanken unterschiedliche Rollen an. Kannst du dir vorstellen, was es mit dir macht, über längere Zeit in einer einfachen Hütte zu leben? Ohne technischen Schnickschnack, mit der Aufgabe, jeden Tag Feuerholz zu sammeln, um heizen und kochen zu können? Kannst du dir vorstellen, wie es sich anfühlt, in einem Schloss zu leben? Viele reich geschmückte und riesengroße Räume zur Verfügung zu haben? Kannst du dir vorstellen, in einem kühl gestylten Appartement eines Wolkenkratzers zu wohnen? Und wie fühlt sich ein Einfamilienhaus am Stadtrand an? Wie empfindest du die Vorstellung eines Reihenhauses?

Agiere wie ein Schauspieler. Versenke dich in diese Vorstellungen, und fühle dich ein, wie du dich als Bewohner dieser unterschiedlichen Häuser fühlen würdest. Nimm wahr, wie du dich bei deiner virtuellen Reise durch die Behausungen in jeweils passende Charaktere einfühlst. Tatsache ist, dass die Umgebung sehr viel mit uns macht. Zwar gestalten wir auch die Umgebung, doch dann wirkt sie auf uns zurück. Das heißt, wenn wir die Umgebung anders gestalten, wirkt sie anders. Es funktioniert in beide Richtungen.

Bestimmt gibt es Situationen, die dir Sorge bereiten und sogar Angst machen, die du aber nicht vermeiden kannst. Statt dich darüber zu grämen, stelle dir vor, wie es wäre, in dieser Situation erfolgreich, anerkannt, bewundert, geliebt zu sein. Fühle dich in die Aufgabe ein, die vor dir liegt, wie ein Schauspieler in eine neue Rolle. Probe diese Rolle. Denke auch über die Details nach: Welche Haltung würde so jemand einnehmen, welche Gesten würde er machen, wie würde er sich kleiden? Und wie würde er sich einrichten?

Manche Eigenschaften können wir tatsächlich lernen. Zumindest können wir sie verstehen lernen. Dazu brauchst du nur bewusst eine Rolle einzunehmen – wie die eines Helden, einer Prinzessin, einer erfolgreichen Geschäftsfrau, eines glücklichen Vaters. Spiele ruhig ein bisschen Theater! Tu so als ob. Das ist die beste Übung, die du dir gönnen kannst. Um diese Vorstellung zu verstärken, schaffe dir die passende Umgebung für deine »Rolle«. Richte dich so ein, wie sich dein inneres Vorbild einrichten würde. Denn du weißt ja: Deine Persönlichkeit ist sehr facettenreich. Du kannst immer neue Seiten an dir entdecken. Du kannst dich auch neu erfinden.

Die dynamische Energie: Von Bequemlichkeit zu Tatkraft und Mut

Faul und bequem sind viele Menschen geworden. Sie essen Fertigprodukte, weil sie Zeit sparen wollen. Sie lassen sich die Einkäufe ins Haus liefern, weil es bequemer ist, als selbst zu shoppen. Und auch der Sport wird nicht mehr selbst gemacht, sondern vom Sofa aus im Fernsehen angeschaut. Sie merken zwar, dass sie eigentlich aktiver sein sollten, können sich aber nicht aufraffen. Der innere Schweinehund wird zitiert und soll an der Misere schuld sein. Häufig handelt es sich um Menschen, denen es an Selbstwert mangelt. Ihre Meinung klar und bestimmt zu äußern und sich gegen Widerstände durchzusetzen, fällt ihnen extrem schwer.

Findest du von dir selbst, dass du zu wenig Durchsetzungsvermögen hast und dass andere zu oft über deinen Kopf hinweg bestimmen? Das ärgert dich, doch du weißt nicht, wie du dich wehren kannst?

Du brauchst Mut und Entschlussfreude! Du brauchst Antriebskraft, Begeisterung, eine zündende Idee. Etwas, was jede Zelle reizt, was die Seele lockt, den Geist erfreut und stark genug ist, den trägen Körper aus dem Sessel zu katapultieren.

Der Beginn des Frühlings hat jede Menge davon auf Lager, genauso aber der November, also die Zeit, in der die Natur zerfällt. Es sind Zeiten, die Pioniergeist und Kraft erfordern. Räumlich gesehen sind es die wilden Gegenden auf der Welt. Ob Dschungel oder einheimische Urwälder, die man zu Fuß durchquert – die Hauptsache, es gibt keinen gebahnten Weg. Man muss selbst aufpassen, wo man hintritt. Man kann abrutschen, man kann umknicken, man kann sich verletzen. Ein Aufenthalt an solchen Orten schärft die Sinne. Alles ist spannend.

Wie könnte eine Wohnung eines durchsetzungsstarken Menschen aussehen? Ein Mensch, bei dem es dir nicht im Traum einfallen würde, ihm zu widersprechen? Vielleicht hat er ein rotes Ledersofa? Oder schwarze Möbel? Eine Wand im Betonlook? Oder ordnest du ihm eher schwere Holzmöbel zu? Hängt ein Boxsack an der Decke? Gibt es Sportgeräte im Wohnzimmer?

Wie auch immer: Wenn du dich einrichtest, wie es deinem inneren Bild der Durchsetzungskraft und Stärke entspricht, wird diese Schwingung unwillkürlich auf dich übergehen. Deine Ausstrahlung ändert sich, weil du dich in einer anderen Umgebung befindest.
Diese Haltung verinnerlichst du nach einiger Zeit. Mache den Test! Eines Tages werden die Menschen anders auf dich reagieren. Möglicherweise auch unwillig, denn nun müssen sie es ja aufgeben, alles Unangenehme auf dich abwälzen zu können. Vielleicht raunzen sie dich an: »Was hast du denn heute?« Es wird dich diesmal aber nicht kümmern, weil du ja nun bissiger und durchsetzungsstärker bist. Gelassen und freundlich kannst du antworten: »Nichts, es geht mir gut!«, während du früher entschuldigend nach Erklärungen gesucht hättest.

Im eigenen Zuhause kannst du dir ein »Abenteuerzimmer« bauen. Nutze viel die Farbe Rot. Streiche eine Wand in Rot. Oder verlege einen beerenroten Boden. Drapiere eine Sammlung von Kerzen an einem Platz, und zünde diese täglich an. Das Anzünden darf ruhig aufwändig sein, denn du willst ja in die Gänge kommen, oder nicht? Ein paar Sportgeräte in diesem Raum aufzustellen, wäre wunderbar, wie ein Standfahrrad oder einen Crosstrainer. Aber nicht nur aufstellen, sondern auch benutzen! Beschalle diesen Raum mit Musik. Nimm fetzige, rhythmische Musik. Lies Bücher über Abenteurer, und verbinde dich dadurch mit dieser Kraft.

Wenn du einen Garten hast, dann baue ein Baumhaus. Gestalte einen Platz, an dem du ein Lagerfeuer anzünden kannst. Übernachte draußen. Das geht auch, wenn du keinen Garten hast. Und wenn es in einer abgeschiedenen Ecke eines Campingplatzes ist. Verbringe mehrere Tage hintereinander im Freien. Gehe so oft wie möglich in den Wald. Lebe den Ruf nach der Wildnis aus, und stärke damit deine Wurzeln, deinen Mut und deine Energie.

Generell wirksame Symbole für Mut, Entschlusskraft und Durchsetzungsstärke sind Messer. Gehe doch mal auf Flohmärkte, oder stöbere in Antiquitätenläden! Vielleicht findest du einen schön verzierten Dolch oder ein besonderes Messer. Ist der Griff mit roten Edelsteinen bestückt, hast du ein besonders wirkungsvolles Stück gefunden.
Starke Symbole sind auch in der Tierwelt zu finden. Zu Eigenschaften wie Mut, Kraft, Zähigkeit, Zielstrebigkeit und Ehrgeiz passen Tiere, die

von Menschen eher gefürchtet werden. Toll sind Raubtiere wie Wolf oder Tiger, wie Schlange oder Krokodil – in der Spielzeugabteilung wirst du bestimmt ein schönes Exemplar finden. Deine Tierfigur muss nicht groß sein, um zu wirken. Viel wichtiger ist, dass du sie sehen und anfassen kannst.

In der Pflanzenwelt sind es Kakteen, aber auch Fichten und leuchtend roter Mohn. Stecke dir ein Gebinde aus Fichtenzweigen und Mohn zusammen. Oder lasse das Foto eines Waldes oder eines Mohnfeldes auf dich wirken. Vielleicht kannst du beides auf einem Spaziergang selbst fotografieren? Wenn du dir noch mehr Tiefgang wünschst, noch mehr Zähigkeit und noch mehr Leidenschaft, dann gibt es eine wunderbare Pflanze, die genau diese Kraft in sich trägt. Es ist die Orchidee. Ihr betörender Duft, ihre erotische Blüte lassen Leidenschaft und Tiefgründigkeit fast von selbst wach werden.

Unter den Edelsteinen kannst du wählen: Vor allem rote Steine wirken günstig, wie der rote Karneol oder der Rubin. Doch auch ein Hämatit symbolisiert Mut, vor allem den Mut, schwierige Situationen zu bewältigen. Die Angst vor Auseinandersetzungen verschwindet. Der Hämatit trägt auch den Namen Blutstein, da er bei der Bearbeitung das Schleifwasser rot färbt. Er schenkt Willenskraft und Entschlossenheit. Ein durch-

scheinendes Orange zeichnet den Karneol aus. Er fördert die Kreativität und Antriebskraft und hilft, sich auf die momentanen Aktivitäten zu konzentrieren. Er bringt Freude ins Tun und lässt uns Zorn und Ärger mit Lebensfreude und Vitalität überwinden. Der Rubin wirkt aktivierend auf den gesamten Organismus. Er fördert die Leidenschaft und bringt Harmonie unter die Menschen. Daher gilt der Rubin auch als Glücksstein der Liebe. Er strahlt Vitalität aus und verleiht Tapferkeit und Mut. Außerdem schützt er vor schlechten Einflüssen, auch vor Neid und Eifersucht.

Mit alldem wird deine Aufmerksamkeit gefordert. Du bekommst wieder Spaß am Leben, hast Lust auf Neues, auf Entdeckungen, auf Herausforderungen und auf Kämpfe, in denen du deine Kraft beweisen kannst. Der Nutzen für dein Team besteht darin, dass du mutig Entscheidungen triffst und selbstbewusst dazu stehst.

Die gemütliche Energie: Von Trübsinn zu Freude und Schönheit

Die Fähigkeit, das Leben zu genießen, mag manchen Menschen als nichts Besonderes erscheinen, zumindest keine große Leistung zu sein. Das ist es aber doch, denn inmitten unserer täglichen Hetze, dem Stress und dem Getriebenwerden ist es in der Tat wundervoll, wenn jemand in der Lage ist, mit allen Sinnen ausschließlich zu genießen.

Es gibt Phasen im Leben, in denen es schwerfällt, Freude zu finden. Der Alltag plätschert so vor sich hin, mit mal mehr, mal weniger Ärger. Die Begeisterung, mit der man vor Jahren seinen Weg gewählt hat, ist verloren gegangen. Neue Ziele sind nicht in Sicht. Die Aussichten erscheinen trüb, eine Depression zeichnet sich ab. Die Lebensfreude fehlt.
Fühlst du dich einsam? Hast du das Alleinsein satt? Oder lebst du in einer Partnerschaft, verwickelst dich aber ständig in Streitereien? Nur zu verständlich ist dann dein Wunsch nach Harmonie, Lebensfreude und Genuss. Harmonie lässt sich gut in allem Schönen finden.

Wie würde sich nach deinem Gefühl jemand einrichten, der mit sich und der Welt in Harmonie ist? Bei den meisten Menschen steigt bei dieser Frage unwillkürlich ein Bild auf: »Dort gibt es Blumen!« Nimm also vor allem Blumen. Alles, was blüht und einfach nur schön ist, ohne weiteren Nutzen, erfreut dein Herz. Stelle dir vor, dass du wie die Blumen dazu da bist, Werte wie echte Schönheit und Freude in die Welt zu bringen. Die Natur schenkt dafür reichlich Auswahl. Die pure Lust am Leben ist im Mai zu finden. Da grünt und blüht die Welt, alles wächst und gedeiht. Auch zum Beginn des Herbstes ist die Welt wunderbar anzusehen. Der Herbst leuchtet.

Blumenwiesen sind ideal für Menschen, die Freude und Lebenslust in sich wecken möchten. Suche dir eine Landschaft, die üppig gedeiht, möglichst in ihrer natürlichen Form: Auenlandschaften, eine Wiese, einzelne Bäume, ein Bachlauf und eben viele Blumen.

Um so schöne Eigenschaften wie Natürlichkeit, Geschmackssinn, Freundlichkeit und Lebenslust zu fördern, solltest du so oft wie möglich spazieren gehen.

Nun überträgst du die Qualität von Frühling und Herbst bzw. von Blumenwiese und leuchtendem Laub auf dein Zuhause. Die Farben Grün sowie leuchtende Erdfarben spielen hierbei eine bedeutende Rolle. Streiche eine Wand grün, oder lege einen grünen Teppich aus. Ergänze mit orange- oder terrakottafarbenen Elementen – wie etwa mit Blumentöpfen oder Kissen. Dekoriere mit Pflanzen, mit blühenden Zimmerpflanzen und mit Schnittblumen. Alles, was duftig blüht, ist geeignet: Kamelien, Lilien, Freesien, Jasmin, Kirschblüten oder Mandelblüten. Hole dir auch immer wieder mal einen Feldblumenstrauß nach Hause. In der kühlen Jahreszeit lassen sich immerhin Gräser und Zweige finden, die du mit Margeriten oder Dahlien aus dem Blumenladen ergänzen kannst. Tierfiguren, die an diese Urkraft erinnern, sind gemütliche Nutztiere wie die Kuh, aber auch der Maikäfer. Baue dir doch einen kleinen Bauernhof auf einem Tischchen oder dem Fensterbrett auf! Das Beschauliche und Friedliche dieses Anblicks wird dich immer wieder zurück zum eigenen inneren Frieden bringen. Als sinnenfreudiger Mensch wird dir außerdem ein Landschaftsbild mit einer Blumenwiese gefallen, wenn es reichlich die dazu wichtigste Farbe, ein saftiges Grün, enthält.

Auch erfreut Schmuck dein Herz. Suche Schmuckstücke, die reich verziert sind. Sie sollten kupferhaltiges Metall enthalten, dazu Korallen, Türkise oder Perlen. Du kannst dir auch eine kleine Schale mit diesen Mineralien füllen und auf deinen Tisch stellen. Greife mit den Händen hinein, fühle die Energie dieser Steine, und lade dein ganzes Wesen damit auf. Arrangiere dazu eine Pfauenfeder, Kupfermünzen und Glasperlen. Wenn du dich zu Tierfiguren hingezogen fühlst, sind Waldtiere wie Reh und Hirsch geeignet, da sie für Eleganz und Sanftmut stehen. Das Modell einer Violine wäre ebenfalls ein Symbol für Harmonie und Lebensfreude. Das Ganze darf künstlerisch und verspielt aussehen.

Sehr intensiv wirken rosafarbene und hellblaue Edelsteine. Ein hellblauer Saphir schenkt Harmonie und bringt die innere Schönheit der Menschen zur Geltung. Das milchige Rosa des Rosenquarzes ist von jeher dafür bekannt, die Gemüter auszugleichen und seelische Wunden zu heilen. Der Rosenquarz lehrt zu verzeihen und öffnet das Herz für alles Schöne im Leben. Zudem gilt er als der beste Schutz gegen Störstrahlungen wie Computer, Wasseradern oder Erdstrahlen. Der Türkis gilt als starker Schutzstein. Er fördert die Kreativität, die Lebensfreude und öffnet den Blick für die Schönheit der Natur. Auch die eigene Schönheit soll durch den Türkis zunehmen. Er gleicht Gemütsschwankungen und Erschöpfung aus und wirkt dadurch Depressionen entgegen.

In dieser Umgebung kann deine Seele wieder aufleben und zur Freude finden. Du kannst wieder lächeln, dein Interesse am Leben erwacht wieder. Es fällt dir leicht, dich zu verlieben.

Die vielseitige Energie: Von Sinnlosigkeit zu Zufriedenheit und Kontaktfreude

Ist dein Zuhause in Unordnung geraten oder dein ganzes Leben? Mache dir nichts daraus – Unordnung ist kein stabiler Zustand. Er lässt sich ändern und »in Ordnung« bringen. Vielleicht hast du einen starken Gemeinschaftssinn und sagst deshalb oftmals Ja, wenn es um Gefälligkeiten im Bekanntenkreis geht oder um Überstunden im Job. Dein Geltungsdrang und dein Streben, als Einzelner aufzufallen, sind nicht besonders ausgeprägt. Lieber hast du eine fröhliche Runde, in der es allen gut geht. Die Gefahr dabei ist, sich zu weit zurückzuziehen und sich für weniger und kleiner zu halten, als du wirklich bist. Dann nämlich lässt du zu viel mit dir machen. Das ist nicht mehr in Ordnung. Und genau dies zeigt sich schließlich in deinem Leben und in deinem Umfeld.

Gründe, warum alles sinnlos scheint, gibt es viele. Man arbeitet und macht und tut – doch der Lohn der Mühen scheint gering oder nicht vorhanden. Alles wirkt leer, nutzlos, sinnlos eben. Warum ist man eigentlich hier, fragt man sich. Die tägliche Routine als notwendig, aber auch als sinnvoll und sogar als schön zu sehen, das wäre jetzt wichtig. Nicht immer ist ein großes, hehres Ziel mit der eigenen Arbeit verbunden. Manchmal liegt die eigentliche Größe eines Lebens darin, dass man den Alltag lebt. Jeden einzelnen Tag wieder.

Zunächst ist es wichtig, sich deinen eigenen Wert bewusst zu machen. Lerne deine schönen Eigenschaften wie Gemeinschaftssinn, Fröhlichkeit und Natürlichkeit schätzen, und unterstütze sie mit passenden Symbolen. Vor allem: Lerne das Annehmen. Das Geben kannst du schon.
Sehr gut kannst du dies von der Natur lernen. Im Spätsommer kommt die Zeit der Reife und der Ernte. Die Erntezeit ist angefüllt mit Arbeiten, die nicht aufgeschoben werden dürfen. Die Feldfrüchte müssen eingebracht und verarbeitet werden – getrocknet, gelagert, eingemacht. Auch wenn solche Tätigkeiten längst nicht mehr unsere Aufgaben sind, so ist deren Energie doch mit der Jahreszeit des Spätsommers traditionell verknüpft. Wir können daraus lernen, in kleinen Schritten voranzugehen, die notwendigen Aufgaben zu erfüllen, die Gaben anzunehmen und dafür zu danken.

Räumlich symbolisiert wird diese Energie in Kulturlandschaften. Gehe über Felder. Wandere an Feldrainen entlang, zwischen Weizen, Kartoffeln und Mais. Ackerbau ist das, was die Menschheit schon seit Urzeiten am Leben erhält. Dieses Pflichtbewusstsein, die Kraft zur täglichen Arbeit, die Vorsorge, die Verlässlichkeit strahlen die Felder aus.

Baue dir einen Gabentisch! Schmücke einen Raum mit einem Ährenkranz oder einem Kräuterbuschen. Dekoriere auch mit Heidekraut, Strohblumen und Äpfeln – mit all dem, was die Natur in dieser Zeit so reichlich schenkt. Drapiere das Ganze auf einem Messingteller. Gänse gelten als Tiere mit Gemeinschaftssinn, die außerdem sehr verlässlich vor Gefahren warnen. Nutze die starke Symbolkraft von Tieren, und traue dich, die Figur einer Gans aufzustellen. Wenn du magst, kannst du dein Arrangement noch mit einem Bernstein oder Jaspis verzieren und zum Leuchten bringen. Auch ein hell glitzernder Bergkristall bringt neue Erkenntnisse.
Verwende Erdfarben für Wände, Boden und Möbel. Hellbraun, Dunkelbraun und das Goldgelb eines Weizenfeldes sind wunderbar. Dazu erfrischendes Grün und die warmen Töne von Kürbissen und Tomaten.

In dieser Umgebung wirst du ruhiger und kannst dich wieder entspannen. So fällt es dir leichter, deine Arbeit wieder aufzunehmen. Du kannst dich dem Alltag stellen und arbeitest ohne viel zu grübeln einen Punkt nach dem anderen ab. Du schließt Frieden mit deinem Leben und wirst zufrieden.

Gleichzeitig darf dein Leben aber heiter und froh sein. Die Arbeit soll dich nicht erdrücken, die Pflichten sollen nicht schwer auf dir lasten. Sehnst du dich manchmal danach, wie ein bunter Schmetterling durch die Welt zu flattern? Du brauchst deshalb weder unzuverlässig noch oberflächlich zu werden. Echte Leichtigkeit ist etwas anderes. Auch das ist eine Eigenschaft, die viele Menschen angesichts der Überzahl an schlechten Nachrichten und nagenden Problemen gut gebrauchen können.

Wie könnte die Wohnung eines unternehmungslustigen, kontaktfreudigen Menschen aussehen? Sicherlich hat er Telefon und Terminplaner immer griffbereit. An zentraler Stelle hängt womöglich ein schwarzes Brett mit Notizen. Es gibt viele Sitzgelegenheiten bei ihm, leichte Möbel und außerdem viele bewegliche Elemente. Wie wäre es mit einem Schaukelstuhl?

Eine der wichtigsten Farben, um Leichtigkeit ins Leben zu holen, ist Gelb, die Farbe des Frohsinns. Von Zitronengelb über Strohgelb hin zu Dottergelb reicht die Palette. Greife zu Kleidung und Tüchern in diesen Farben, wann immer du dich bedrückt und müde fühlst. Gelb belebt dein Wesen fast augenblicklich. Fröhlich machen dich außerdem Dinge, auf denen Vögel, Bienen und Schmetterlinge abgebildet sind. Da ist die Auswahl groß.

Jahreszeitlich gesehen symbolisiert der ausgehende Frühling diese Kraft. Die Welt erscheint dann voller Lebenslust und Leichtigkeit. Räumlich gesehen sind es die Marktplätze, die Cafés und auch die Radwanderwege – hier ist etwas los, hier ist Bewegung, hier begegnen sich Menschen.

Ganz wichtig ist für jeden, der sich davon anstecken lassen möchte, die körperliche Bewegung. Am besten natürlich im Freien: Wandern, Joggen, Radfahren. Wenn dafür mal die Zeit nicht reicht, rudere zu Hause mit den Armen oder benutze dein Standfahrrad. Atme dazu tief durch, und trinke ein Glas Holundersirup. Fühle, wie die innere Stärke wieder einströmt, wie du ruhig und klar wirst. Gern kannst du dir auch einen passenden Sinnspruch aufschreiben und immer wieder lesen, wie:»Ich lebe meinen inneren Rhythmus, und mein Leben darf leicht sein.«

Passende Edelsteine tragen die Farbe Gelb in sich, wie der Zitrin, der Goldtopas oder der Achat. Gerade Achate gibt es mit herrlicher Maserung in vielerlei Farbkombinationen. Als dünn geschnittene Scheibe ans Fenster gehängt, lässt ein Achat sanftes Licht durchscheinen und hält Böses fern. Er gilt als ausgezeichneter Schutzstein.

Die sensible Energie: Von Verletzung zu Zärtlichkeit und Heilung

Gefühl, Empfindsamkeit und Familiensinn sind wichtige Themen für jeden Menschen. Nicht alle kommen damit gut zurecht, schließlich sind in unserer Gesellschaft viel mehr berufliche und finanzielle Erfolge gefragt als liebevolle Gefühle. Auch ist in Zeiten der Patchworkfamilien die traditionelle Familie ein kritisches Thema. Der Wunsch nach Geborgenheit lässt sich natürlich nicht nur im Kreise einer Familie finden. Dennoch ist es wichtig, zu diesen Themen einen eigenen Zugang zu finden.

Der Bruch einer Beziehung, Verrat, Verlassenwerden, das Ende einer Liebe – das alles macht das Herz schwer und lässt die Seele leiden. Wer mitten in solch einem Kummer steckt, kann nur schwer seine täglichen Anforderungen erfüllen.

Was dieser Mensch jetzt braucht, sind Weichheit, Geborgenheit und ganz viel Zärtlichkeit. Wenn kein lieber Mitmensch zur Verfügung steht – Mutter Natur ist da. Sie nimmt jedes verletzte Menschenkind auf und spendet Trost.

Besonders intensiv ist diese Weichheit an warmen Sommerabenden zu spüren – und an heimeligen, beschaulichen Orten am Wasser. Setze dich an einem mondhellen Abend an einen kleinen, stillen See. Beobachte, wie das Mondlicht sich im Wasser spiegelt. Fühle, wie die Nacht dich umarmt, wie gut die Erde dich trägt und wie die Mondstrahlen dich streicheln. Das ist die Energie, die du jetzt zu Hause brauchst.

Überlege: Wo findest du das Gefühl des Aufgehobenseins? Bei anderen Menschen? Bei dir selbst? Wenn du dich nach Geborgenheit sehnst, kann es ein guter Anfang sein, sich einfach mal selbst zu verwöhnen. Alles, was deinem Gefühlsleben guttut, ist richtig. Da ist es keine Frage, ob modern oder nicht, ob kitschig oder cool – wenn es dein Herz strahlen lässt, heißt das Ja. Manchmal hilft es, Dinge auszuwählen, die an frühere Zeiten erinnern. Das können alte Bilder, Möbel und Kleider sein, besonders aber auch geerbte Gegenstände von den Großeltern.

Wie könnte jemand wohnen, der Geborgenheit und Zärtlichkeit in sein Leben integriert hat? Ja, bei ihm ist es warm und kuschelig!

Sorge in zumindest einem Zimmer deines Zuhauses für besonders viel Weichheit und Wärme. Ein Sofa mit vielen Kissen und einer flauschigen Decke sind wunderbar. Es darf ruhig üppig sein, auch Verzierungen und Muster tun gut. Vermeide harte Kanten und kühle Materialien. Nimm bei Möbeln helles oder honigfarbenes Holz. Ein weicher Teppich ist ein Muss. Dazu Farben, die Wärme und Geborgenheit vermitteln, wie ein freundlicher Sandton, ein heller Pfirsichton oder auch ein warmes, ins Lila gehende Himmelblau. Wundervoll wirken Engelfiguren, weil sie unendlich viel Geborgenheit verströmen. Auch von Kindern gemalte Bilder haben oftmals diese heitere Energie, die der Seele so guttut.

Bevorzuge weiche und fließende Formen. Ein starkes Symbol ist der Mond, um den Zugang zur Welt der Gefühle zu öffnen und Geborgenheit zu vermitteln. Ein Mond wird deine Seele erfreuen. Wunderbar sind außerdem die Farben Weiß und Silber, weil auch sie den Mond widerspiegeln. Romantische Bilder wie eine Landschaft im Mondlicht oder ein ruhiger See werden dir guttun, genauso wie eine Schale mit frischem Wasser auf dem Tisch – dein eigener Teich. Mache dir dabei bewusst, dass das Wasser auch eine gewaltige Kraft hat. Es ist keineswegs nur sanft, wie auch du nicht deine Tatkraft verlierst, nur weil du dich den Gefühlen zuwendest.

Auch Engelfiguren könnten dir Freude machen, sind sie doch die Boten aus einer Welt voller Freude. Dort hat jedes Wesen seine Daseinsberechtigung und besonderen Schutz verdient.

Eine Kette aus Perlen oder ein silberner Anhänger mit einem Opal sind wirkungsvolle Schmuckstücke. Auch eine Muschelkette ist etwas ganz Besonderes. Überhaupt sind Muscheln, Seesterne und Schnecken ganz wunderbare Symbole, um den Wunsch nach Geborgenheit zu erfüllen. Wenn du in der Natur nicht fündig wirst, besuche doch einen Keramikkurs, und fertige dir selbst ein schönes Stück an! Gönne dir außerdem so oft wie möglich eine Massage, und lerne dabei, die Weichheit zu lieben, die auch eine Stärke ist.
Wunderbar wirken außerdem Mondstein und Aventurin auf die Gefühle. Der milchig-weiße, schimmernde Mondstein wirkt beruhigend und ausgleichend. Er fördert die seelische, weibliche Seite im Menschen und bringt uns unseren Gefühlen näher. Der Aventurin ist von sanft schimmernder grüner Farbe. Er wirkt ausgleichend auf das Herzchakra. So fördert er innere Ruhe und Heiterkeit. Ängste und Sorgen verschwinden. Das Leben wird mit mehr Freude und einer wichtigen Portion Humor gemeistert.

In dieser Umgebung wirst du innerlich ganz ruhig. Du spürst, wie deine Verletzungen heilen. Das tut einfach nur gut. So kannst du dich schließlich wieder öffnen. Dein Vertrauen in dich und zu anderen Menschen kann wachsen. Du fühlst dich wieder kraftvoll. Nun kann eine noch tiefere Sehnsucht zum Vorschein kommen, die Sehnsucht nach dem Einssein aller Menschen, nach einer allumfassenden Liebe.

Fällt es dir schwer, deine Feinsinnigkeit zu zeigen, weil du immer wieder auf Unverständnis stößt? Vermutlich bist du ein sensibler und gleichzeitig spiritueller Mensch, auf der Suche nach deiner eigenen Stärke.
Im Zeitalter der Ellbogengesellschaft haben es sensible Menschen schwer, zu ihren Eigenschaften zu stehen. Nicht selten lehnen sie sich als zu weich und schwächlich ab. Dabei sind zurzeit ihre Fähigkeit, alles und jeden zu lieben, und ihr grenzenloses Mitgefühl wichtiger denn je. Hinzu kommt ihre großartige Fantasie, die sie in die Lage versetzt, sich alles im Leben farbig auszumalen. Ihr Wunsch, ihre Sensibilität leben zu dürfen und sich spirituell entfalten zu dürfen, ist dennoch groß. Diese Energieschwingung,

die voller grenzenlosem Vertrauen ist, lässt sich, zeitlich gesehen, im ausgehenden Winter finden. Es ist eine Gewissheit da, dass der Frühling auch in diesem Jahr kommen wird. Räumlich gesehen findet man diese Grenzenlosigkeit in großen Weiten, insbesondere auf dem Meer.

Als sensibler Menschen liebst und brauchst du das Wasser. Ideal wäre jetzt ein Meer vor der Haustür – aber meist ist nicht einmal eine Pfütze dort zu finden. Falls du in einem Haus mit Garten wohnst, wäre es noch möglich, hier einen Teich anzulegen oder einen Brunnen zu graben, damit du zumindest von Wasser begrüßt wirst, wenn du aus dem Haus gehst oder heimkommst. Lebst du dagegen in einer Wohnung, steht dir diese Möglichkeit in der Regel nicht zur Verfügung. Und doch bleibt Wasser das Ur-Thema, das dir in deiner Umgebung guttut, das du brauchst, um dich optimal entfalten zu können.

Aus dem Fenster zu schauen und die Brandung zu sehen – das ist unnachahmlich, keine Frage. Aber: Du kannst dir ein bauchiges Gefäß mit Wasser auf die Fensterbank stellen. Auch ein Brunnen auf dem Tisch könnte dir gefallen. Schön ist es, dieses Wasserspiel mit Seerosen und anderen Wasserpflanzen zu versehen. Und du kannst einen seegrünen oder wasserblauen Tüllvorhang in weichen Wellen um dein Fenster drapieren. Eine Schale mit hellem Sand und einigen Muscheln wird dich deine Umgebung zusätzlich durch diesen »Filter« des Meeres sehen lassen. Halte dein Ohr an eine große Muschel. Höre das Rauschen der Wellen? Fühle die Transzendenz des Meeres, in dem jeder einzelne Wassertropfen in einem großen Ganzen aufgeht?

Dazu sind die meisten sensiblen Menschen von Haus aus sehr spirituell veranlagt. Das Abbild eines Heiligen oder spirituell hoch entwickelten Menschen gehört somit fast immer zu einem wirkungsvollen Ensemble. Es ist kein Zufall, dass dein Kraftplatz oftmals wie ein kleiner Altar wirkt. Kristalle und edle Steine wie Opale, Türkise, Jade, Alabaster und auch der irisierende Glanz von Perlmutt oder einem Fluorit geben dir das Gefühl von Wert. Lege doch auch mal eine Flöte dazu oder die Miniatur einer Harfe oder Geige! Denn allein schon der Gedanke an Musik und Kunst stärkt deine Fantasie.

Die Vielfalt an Farben ist das Besondere am Fluorit. Er glänzt in allen Farben des Regenbogens. Ein Fluorit ist ein ausgezeichneter Meditationsstein, er kann den Zugang zum Unterbewussten öffnen und stabilisiert das Selbstvertrauen. So lassen sich gute Entscheidungen treffen. Auch der

Opal schillert in allen Regenbogenfarben. Er soll Liebesleid lindern und die Angst vor Dunkelheit. Ein Opal macht lebenslustig und unkonventionell.

Die glanzvolle Energie: Von Langeweile zu Individualität und Glanz

Hältst du dein Leben für zu sachlich oder gar für gähnend langweilig? Öde die Aufgaben, nicht vorhanden die Herausforderungen? Alle Abläufe sind eingefahren, der Job ist Routine, die Familie geht ihrer Wege? Alles wirkt grau und eintönig?
Manche Menschen reagieren in solchen Fällen einfach über. Sie suchen ein Liebesabenteuer oder verhalten sich im Büro so daneben, dass sie eine Kündigung riskieren. Kurz, sie tun alles, damit wieder etwas passiert im Leben. Das kann funktionieren, ist aber mit sehr viel Stress verbunden. Mit genügend glanzvoller Energie würde das nicht passieren. Schnell wäre Langeweile ein Fremdwort, an das man nicht einmal mehr denken würde.

Glanzvolle Energie bedeutet aber, dass man seine Ideen lebt, seine Kreativität umsetzt. Es bedeutet, sich der Welt zu zeigen. Doch es erfordert Selbstbewusstsein, sich in die erste Reihe zu trauen. Das trifft sogar Menschen, die im Rampenlicht stehen und Führungspositionen innehaben. Ihnen wird häufig unterstellt, sie seien sowieso so selbstbewusst, dass sie keine weitere Stärkung bräuchten. Nach außen mag das stimmen. Im Inneren so manches Stars oder Managers sieht es dagegen ganz anders aus. Auch sie können ganz schön an sich zweifeln. Sie alle können durchaus Unterstützung brauchen. Umso mehr wird dann ihre »Show« nach außen abnehmen. Echte Herzlichkeit und Großzügigkeit können zum Vorschein kommen.

Überlege: Welche Berufsgruppe verkörpert die Kreativität für dich? Und wie würden diese Menschen sich einrichten? Wie wohnen Menschen, die du für selbstbewusst hältst, für kreativ und unkonventionell? Wie wohnen Künstler? Wie wohnen Unternehmer?

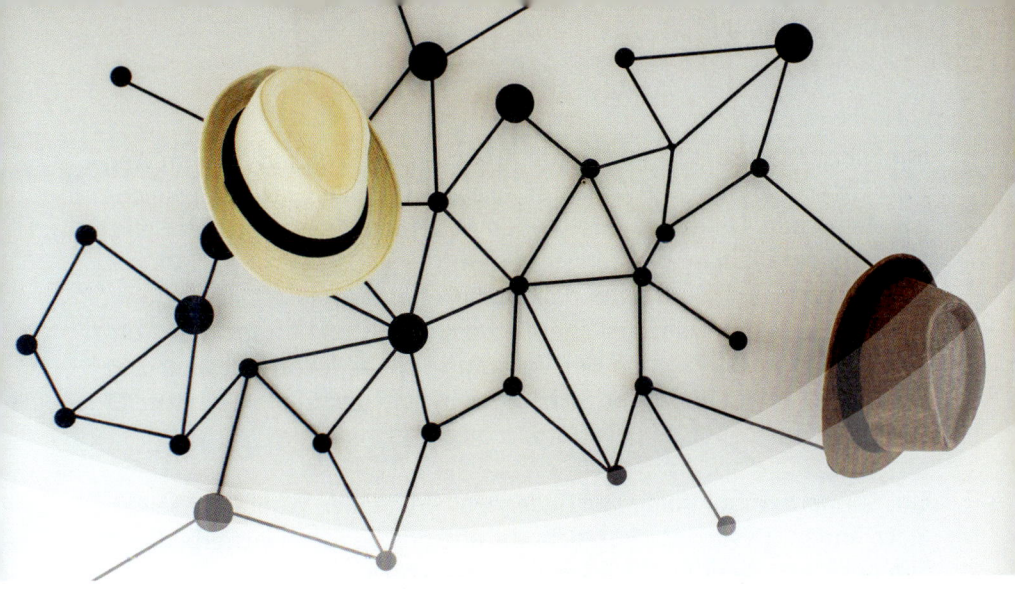

Bestimmt hast du deine Vorstellungen, und es tauchen sofort Bilder vor deinem inneren Auge auf. Es spielt keine Rolle, was andere denken. Wichtig sind wieder nur deine Bilder! Schaue dir von diesen »inneren Vorbildern« all das ab, was du brauchst. Vielleicht kannst du Vorhandenes aus deiner Wohnung neu kombinieren. Vielleicht reicht ein neuer Anstrich. Vielleicht tauschst du Möbelstücke mit einer Freundin, oder du gehst einkaufen. Kreativ, versteht sich!

Im Jahresverlauf finden sich die glanzvollen Energien in der Hochzeit des Winters und in der Hochzeit des Sommers. Landschaftlich gesehen sind es die außergewöhnlichen Orte, die eine glanzvolle Energie aufweisen. Oft sind es die berühmten Ziele, die einen staunen lassen vor lauter Großartigkeit, wie riesige alte Bäume, große Schluchten, imposante Berge und tosende Wasserfälle. Auch zählen von Menschenhand geschaffene Werke wie Schlösser und Burgen dazu.

Von dieser Kraft bringst du nun etwas zu dir nach Hause. Schenke einem Raum etwas, das nur du hast, etwas ganz Besonderes. Es kann eine selbst kreierte Farbmischung für die Wände sein. Mit grafischen Mustern, wie Schlangenlinien, Kreisen und Wellen. Es kann ein selbst geknüpfter Teppich sein oder ein Tuch, das du bemalt hast und das nun als Vorhang dient. Es kann die Kombination zwischen alter Kommode und flippigem Designerstuhl sein, die einen reizvollen Kontrast von zwei völlig unterschiedlichen Welten herstellt. Traue dich was!

Mit Schmuck, insbesondere Goldschmuck, tust du dir auf deinem Weg zu mehr Größe immer etwas Gutes. Alles Prachtvolle, Glitzernde, Reiche ist jetzt richtig. Unter den Edelsteinen haben das Tigerauge, der Heliotrop und der Diamant die stärkste Wirkung.

Der Diamant, der König unter den Steinen, hat die reinste Schwingung. Da er nur aus einem einzigen chemischen Grundstoff besteht, dem Kohlenstoff, gilt er als Zeichen der Vollkommenheit. Schon seit alter Zeit steht der Diamant für Macht, Selbstbewusstsein und Charakterstärke. Er ist ein starker Schutzstein und fördert die Lebensenergie.

Ein Sonnensymbol sollte auf jeden Fall in deiner Wohnung seinen Platz finden. Bestimmt lässt sich ein entsprechendes Fensterbild, ein Schmuckstück oder ein Relief finden, das eine schöne Sonne darstellt. Herrlich wirkungsvoll sind auch Sträuße aus Sonnenblumen und Feuerlilien, genauso natürlich Bilder davon – die Blumen sollten aber bedeutend aussehen und sonnendurchglüht sein. Ein goldglänzendes oder auch samtenes Tuch unter der Vase wirkt Wunder! Überhaupt sind ein kräftiges Gelb, Gold oder Orange die besten Farben, um die eigene Persönlichkeit glänzen zu lassen. Damit hebst du dich aus jedem Tief.

Bist du ein Freund von Symboltieren, so wirst du bei Katzen fündig. Alle Arten von Katzen gelten, inklusive der Raubkatzen. Ein Stofftier als Löwe oder Tiger auf dem Sofa wird sich gut machen. Auch exotische Tiere wie Zebras, Kängurus oder Giraffen strahlen den Wunsch nach Selbstbestimmung und Glanz aus.

Freue dich darauf, dass du deine Originalität bald frei entfalten kannst. Du wirst Lust bekommen, neue Facetten von dir zu entdecken und dich selbstbewusst zu präsentieren. Dein Leben wird bunt und glanzvoll.

In dieser Umgebung zu leben, wird deine Fantasie immer noch mehr anregen. Dieses Zimmer erfrischt den Geist und schürt deine Lust am Leben. Du entdeckst deine Schöpferkraft. Du weißt, dass du nicht dein Leben auf den Kopf stellen musst, um es zu spüren. Du weißt: Die sonst so einengenden Gängelungen und Vorschriften bleiben draußen. Hier zu Hause fühlst du dich frei und unabhängig. Mit diesem Wissen kannst du der Welt die Stirn bieten und das normale Leben durchaus leben.

Schenke dir noch eine Besonderheit: Wenn du deinen nächsten Ausflug planst, besuche ein Schloss. Sauge die Energie dieses prachtvollen Ortes wie ein Schwamm in dich auf. Oder mache einen Ausflug ins Gebirge, und suche einen Wasserfall auf, aber einen wirklich hohen. Stehst du unten, stelle dich darunter. Aber traue dich auch, oben zu stehen. Die erfrischende Energie schwappt automatisch zu dir herüber. Nimm dabei wahr, dass das Leben zu etwas Außergewöhnlichem fähig ist – und dass auch du dazu fähig bist. Lasse dich von glanzvollen Plätzen inspirieren und stärken.

Die klare Energie: Von Verwirrung zu Ordnung und Klarheit

Kennst du den Zustand der Verwirrung? Viele Wege stehen offen. Hier ein lockendes Angebot, dort eine Herausforderung. Doch ist sie nicht zu groß? Überfordert man sich nicht? Und dann diese scheinbar so tolle Chance – zerplatzt sie schon bald wie eine Seifenblase? Der Verstand tut das, was er kann: Er rät zu dem einen Weg und findet auch sofort wieder Gründe dagegen. Die innere Stimme, die helfen könnte, schweigt. Zu lange hat man keinen Kontakt zu ihr gepflegt. Wie soll man sich da entscheiden?
Und trotzdem ist der Wunsch nach Herausforderungen gewaltig. Manche laufen erst dann zur Höchstform auf, wenn die Forderungen richtig hoch gesteckt sind. Umso größer wird der Ehrgeiz, sich dieser als würdig zu erweisen. Um diese Ziele zu erreichen, braucht es Pflichtbewusstsein, Stabilität und Verantwortungsbereitschaft. Fehlen diese Qualitäten, braucht man ständig andere Menschen als Stütze. Alleine ist man schwankend und beeinflussbar. Um sich selbst und vielleicht auch noch anderen Menschen Halt zu geben, braucht es eben Stabilität. Wenn du stark bist, fällt es dir auch nicht mehr schwer, Verantwortung zu übernehmen.

Klarheit gibt es in der Natur reichlich. Zeitlich gesehen in den Wintermonaten, räumlich gesehen im Gebirge, insbesondere im Hochgebirge. Die

Welt von Schnee und Eis, von Felsen und Steinen ist die Welt der kargen, klaren Formen.

Um aus einer Verwirrung herauszufinden, empfiehlt sich ein langer Spaziergang im Winter oder auch ein Aufenthalt im Gebirge. Vielleicht besuchst du in deinem nächsten Urlaub das Hochgebirge mit seinen herausfordernden Gipfeln! Qualitäten wie Geradlinigkeit und Ehrlichkeit zeigen sich symbolisch perfekt in einer felsigen Landschaft. Steige in die Höhe, oder nimm die Seilbahn bis nach oben, und suche dir deinen Platz. Setze dich auf einen Stein, lehne dich an einen Felsen, und lasse diese klare Welt auf dich wirken. Nimm die Energie dieses Ortes tief in dich auf.

Dann übertrage die kühle Energie des Winters und die majestätische Ruhe der Gebirgswelt auf dein Zuhause. Zementiere deinen Wunsch nach Festigkeit, nach Struktur und Stabilität durch eine sachliche, kühl gestaltete Umgebung. Gestalte einen Raum neu. Sorge hier für Klarheit, Ordnung und Übersichtlichkeit. Statte diesen Raum mit nur wenigen Möbelstücken aus. Es sollten schwere Möbel sein, denen man ansieht, dass sie etwas aushalten, keine wackeligen Regale. Statt trendiger Möbelstücke eignen sich traditionelle Schränke besser, solche, die Generationen überdauert haben oder überdauern könnten. Die Farben Weiß und Schwarz sind wesentliche Bestandteile. Streiche die Wände weiß. Der Boden darf ruhig dunkel sein – dunkles Holz oder dunkelgrauer Stein sind ideal, um Klarheit und Ordnung zu finden.

In diese Umgebung ziehst du dich zurück, wenn du dich verwirrt fühlst, wenn du Orientierung, Halt und eine Richtung brauchst. Schaue jetzt auf deine Fragen – mit deutlich mehr Klarheit. Die klare Ordnung dieses Raumes gibt dir Sicherheit.

Sammele Steine, kantige Feldsteine, große Felsbrocken und runde Kiesel. Finde für diese Steine in deinem Raum einen Platz, wo du sie kreisförmig auslegen kannst. Stelle dich in diesen Kreis, wann immer du Schutz und Stärke benötigst. Oder türme dir einen eigenen Berg auf – neben der Tür, auf der Fensterbank oder auf dem Balkon.

Die beste Pflanze, um den Wunsch nach einer gesicherten gesellschaftlichen Stellung im Leben zu integrieren, ist der Efeu. Dieser Kletterexperte braucht nicht einmal besonders viel Licht, um zu gedeihen, und erinnert dich beständig daran, dass man mit Ausdauer und Geduld schließlich nach oben kommt. Überladen solltest du deinen Kraftplatz nicht, belasse es lieber bei wenigen Stücken.
Wenn du zusätzlich Edelsteine verwenden willst, nimm bevorzugt schwarze Steine. Ein Onyx schützt vor negativen Eindrücken und stabilisiert in kritischen Situationen. Er verleiht Durchsetzungskraft und stärkt das Verantwortungsgefühl.
Schwarze Perlen schützen vor negativen Schwingungen, wirken vitalisierend und vermitteln Zufriedenheit. Nicht vergessen: Perlenschmuck wird schöner, wenn er häufig getragen wird.
Der Schneeflockenobsidian ist ein schwarz glänzender Stein mit weißen Einschlüssen, die tatsächlich wie Schneeflocken aussehen. Er macht erdverbunden, vermittelt Lebenskraft und schützt vor negativen Einflüssen und Angriffen. Er holt dich zurück auf den Boden und löst Schocks und Blockaden auf.
Ein Obsidian ist, da er vulkanischen Ursprungs ist, ein guter Wärmespender und regt damit die Durchblutung an.

Eines wäre noch interessant: Trinke viel klares Wasser! Mache dir das Vergnügen, und hole dir frisches Quellwasser. Schon der kleine Ausflug zu einer Quelle wird dich erfrischen und beleben. Wasche auch deine Kraftsteine mit diesem Wasser.

Die souveräne Energie:
Von Nervosität zu Ruhe und Größe

Hektisch ist unsere Welt geworden. Gerade in Großstädten verläuft das Leben oft wie in einem Actionfilm. Schnelle Bilder, ein zu hoher Lärmpegel, die Beleuchtung immer zu grell. Mal abgesehen von den vielfältigen Anforderungen, die durch Familie und Job auf die Menschen einprasseln. Kein Wunder, wenn das Nervenkostüm irgendwann dünn und brüchig wird.

Nerven dich außerdem Standesunterschiede, Unterschiede in Rasse, Religion und Geschlecht? Ärgerst du dich andererseits über Gleichmacherei, etwa, dass von dir aufgrund deiner Herkunft ein bestimmtes Verhalten oder eine bestimmte Art, dich zu kleiden, erwartet wird? Dein Wunsch, deine Individualität zu entdecken, sollte sich doch erfüllen lassen! Du gestehst anderen die größtmöglichen Freiheiten zu und wünscht dir diese auch für dich.
Du spürst, dass du Qualitäten wie Optimismus, positives Denken, Weltoffenheit, Unabhängigkeit, Gerechtigkeitssinn und Weitsicht in dein Leben integrieren möchtest. Von allem Gegenteil kannst du dich verabschieden. Wende dich freimütig diesen guten Gaben zu. Traue dich, groß zu werden. Werde erfolgreich!

Wahre Größe lässt sich in großen Weiten finden. In Landschaften, in denen die Eindrücke nicht ständig wechseln, in denen es wenig gibt und davon viel. Die Wüsten der Erde zählen dazu. Aber auch die Meere haben diese Energie der Erhabenheit und Weite. Beides, ob Sandmeer oder Ozean, wird getragen von Unendlichkeit. Ein Aufenthalt in der Wüste oder eine Reise ans Meer wird gestresste und übernervöse Gemüter zur Ruhe bringen. Das Ego verschwindet, man ist nicht mehr als ein Wassertropfen oder ein Sandkorn, nicht wichtiger und nicht unwichtiger. Die eigenen Probleme werden angesichts dieser gewaltigen Dimensionen zurechtgerückt. Auf die Zeit bezogen, findet sich diese Energie in der Adventszeit. Es ist die Zeit der größten Dunkelheit und der größten Hoffnung, dass das Licht wiederkehren wird. Hier nicht das Vertrauen zu verlieren, zeugt von wahrer Größe.

Im eigenen Zuhause lässt sich die Energie der Weite und Größe durchaus auch verwirklichen, selbst wenn nur ein kleines Zimmer dafür zur Verfügung steht. Entscheide dich dafür für eine beruhigende Farbe – wie Blau, helles Lila oder Silber. Zeige Größe. Mache dich unabhängig von Modeströmungen. Werde dein eigener Designer.

Wenn du Erfolg haben willst, überlege, wie sich jemand einrichten würde, der Erfolg hat. Hat er Designermöbel oder Holzschränke? Stehen viele Sachen in seiner Wohnung, oder ist sie eher leer? Hängen Bilder an der Wand? Hat er große oder kleine Räume? Es kommt auf deine Erfahrungswelt an. Was du als Bild in dir trägst, das wirkt. Und nur das!

Besorge dir als Nächstes ein Möbelstück, das für dich »Erfolg« verkörpert. Suche in Second-Hand-Läden oder im Internet, wenn du gerade kein Geld für Originale hast. Stelle diesen Sessel, diesen Schrank oder diesen Tisch mit dem Bewusstsein des Erfolgs in einen deiner Räume. Vielleicht ist es ja auch ein Ölbild, das du dir ausgesucht hast, oder ein Teppich. Wichtig ist das Bewusstsein, das du dazu hast. Sonne dich in dem Gefühl des Erfolgs. Immer, wenn du in diesem Zimmer sitzt, übst du es, dich als erfolgreiche Frau, als erfolgreicher Mann zu bewegen. Nimm wahr, wie du dich fühlst. Speichere dieses Gefühl.
Unterstützen kannst du dieses Vorhaben durch die Farbe Königsblau. Gerade wenn du dich besonders mies fühlst, wird dir königsblaue Kleidung, ein Tuch in dieser Farbe oder auch eine Decke wieder auf die Bei-

ne helfen. Vor allem dann, wenn du die Farbe bewusst trägst, das heißt, dich schon beim Anziehen bzw. beim Einhüllen vorstellst, wie deine Seele anfängt zu leuchten. Gefällt dir die Idee einer Tierfigur, wähle das Pferd oder einen Elefanten. Auch ein Papagei kann sehr witzig und anregend sein. Als Pflanzenfan bastelst du dir einen echten Lorbeerkranz. Unternehmungsgeist, Bewegungsfreude und Lust auf Erfolg unterstützen dich symbolisch aber auch durch das Abbild eines Autos. Vielleicht stellst du dir das Modell eines Sportwagens auf den Tisch. Traue dich an ungewöhnliche Symbole heran. Blechspielzeug, Flugzeuge und andere technische Spielereien, insbesondere wenn sie bewegliche Elemente enthalten, sind bestens geeignet, den Geist von Freiheit, Souveränität und Erfolg in dir zu stärken.

Passende Edelsteine sind Lapislazuli, Sodalith oder auch ein dunkler Amethyst. Wenn du magst, nimm gleich alle drei, dann hast du die Glückszahl Drei inklusive.
Der Amethyst ist ein transparenter, violetter Stein. Er hilft bei Trauer und Ängsten. Er kräftigt insgesamt und lässt Schwierigkeiten besser verarbeiten. Mit ihm kann man wunderbar meditieren. Er wirkt sehr ausgleichend aufs Gemüt.
Der Sodalith ist ein undurchsichtiger, dunkelblauer Stein mit weißen Einschlüssen. Er hilft, Ziele zu verwirklichen, schenkt Selbstvertrauen und Standfestigkeit. Mit dem Sodalith können eingefahrene Denkmuster und Ängste, auch eingeredete Schuldgefühle, aufgelöst werden. Man bleibt sich selbst treu und ist mit sich im Reinen.
Der Lapislazuli ist ein königsblauer Stein mit goldenen Einschlüssen. Er gilt als Stein der Inspiration. Er klärt die Gedanken und hilft beim Aufarbeiten von Ängsten.

Magische Dinge für dein Zuhause

JEDER MENSCH
ist schön.

Und JEDES ZUHAUSE
ist schön.

Zumindest theoretisch.
Das heißt, jeder
Mensch könnte schön
sein, und es könnte
auch jedes Zuhause
schön sein.

Was man dazu braucht? Man muss die Schönheit des eigenen Wesens erkennen lernen. Die gilt es zum Vorschein zu bringen – an sich selbst und in seiner persönlichen Umgebung. Dann passt es.

Einfach oder reich verziert, gestylt oder natürlich, sachlich oder romantisch – alle Stilrichtungen sind auf ihre Weise schön. Man erkennt einen wahrhaft schönen Menschen daran, dass einem in seiner Gegenwart das Herz aufgeht. Kommt man in seine Wohnung, spürt man die Harmonie. Man fühlt sich sofort wohl, willkommen, geborgen. Der Weg dazu ist im Grunde einfach: Wer sein inneres Licht zum Strahlen bringt, wirkt automatisch anziehend, harmonisch und schön. Auch für sich selbst ist es unendlich wohltuend, seine innere Schönheit zu erkennen und strahlen zu lassen. Nimm dir Zeit dafür, dein Wesen vollständig zu entfalten. Entdecke die Lichtquelle in dir. Bringe dein Licht zum Strahlen.

Ein Lichtfunken ist in jedem Menschen verborgen, und sei er noch so klein. Man kann sich dieses Licht wie eine Kerzenflamme vorstellen. Eine schöne Übung ist es, dieses Licht in seiner Vorstellung auszudehnen und weit über seine Grenzen hinaus scheinen zu lassen. Wiederholt man diese Übung täglich, nimmt das innere Licht mit der Zeit an Stärke zu. Um das Licht zu halten, ist aber unbedingt auch die Kontrolle der eigenen Gedanken und Gefühle notwendig. Wer sich von Sorgen übermäßig plagen lässt, dem sieht man sie irgendwann an. Wer über längere Zeit schädliche Gedanken und Gefühle hegt, ständig angefüllt ist mit Neid, Hass und Zorn, der strahlt solches aus. Er wirkt giftig und eines Tages schließlich hässlich.

Das heißt nicht, dass wir uns nun über nichts mehr ärgern dürften. Man kann etwas wirklich Schlimmes schließlich nicht schönreden. Aber man kann darauf achten, wie man damit umgeht. Also, ob man die negativen Emotionen dazu nutzt, seine Lage zu ändern, oder ob man sie hätschelt, sich in sie hineinsteigert und sie damit sinnlos aufbauscht.

Nun haben sich die meisten von uns schon einmal gute Vorsätze in dieser Richtung gemacht – und im Alltagstrubel genauso schnell wieder vergessen. Da hilft es wunderbar, sich eine Erinnerungsbrücke zu bauen, zum Beispiel durch Gegenstände, die ganz speziell unser inneres Licht ansprechen. Sich von einem Amulett, einem Talisman oder einem Glücksbringer unterstützen zu lassen, hat in jeder Kultur eine alte Tradition. Sie können uns helfen, einen schwankenden Selbstwert in Balance zu bringen.

Der tägliche Alltagsstress und die vielfältigen Anforderungen, denen wir alle ausgesetzt sind, treiben uns irgendwann an unsere Belastungsgrenzen. Bis zu dem Punkt, an dem wir denken, mehr ginge einfach nicht. Bis wir ausgelaugt und ausgebrannt sind und uns vollkommen am Ende fühlen. Ist es erst einmal so weit gekommen, hat nicht selten schon eine ernsthafte Krankheit begonnen. Ein Aufschrei der Seele. Damit will sie uns zwingen, nun endlich das Tempo zu mäßigen, mehr auf uns zu schauen und nicht länger gegen unsere Natur zu leben. Jetzt ist es aber schwer, noch heil herauszukommen. Oft ist eine langwierige Therapie nötig. Nicht wenige denken dann: »Hätte ich die vielen kleinen Signale mal lieber eher aufmerksam wahrgenommen.« Nun, eines dieser Signale ist ein wackeliges Selbstwertgefühl. Wer nicht in sich ruht, ist angreifbar, kommt beim kleinsten Anflug von Kritik ins Schwanken, setzt sich selber herab und wird dadurch noch schwächer. Oder versteckt sich hinter einer Fassade von Arroganz, die aufrechtzuerhalten aber sehr viel Kraft kostet.

Mit der Ich-Kraft ist es an solchen Tagen nicht besonders weit her. Gerade wenn harte Herausforderungen von außen kommen, ist es schwer, stabil zu bleiben. Doch auch Kleinigkeiten können reizbar machen und Ärger bringen. Man zweifelt am eigenen Wert und wird gesundheitlich anfällig. Da reicht schon ein kleiner Luftzug oder eine giftige Bemerkung, um das Ich ins Wanken zu bringen. Der eine reagiert körperlich, wird krank oder ist anfälliger für Verletzungen. Der andere reagiert psychisch, lässt sein Selbstwertgefühl niedermachen und lässt immer mehr Selbstzweifel und Schuldgefühle zu. Das einst strahlende Ego fristet nur noch ein kümmerliches Dasein am Rande.

Das Gegenteil dessen, ein übersteigertes, aufgeblähtes Selbstwertgefühl, ein übermächtiges Ego ist genauso anstrengend. Dann hält man sich selbst für größer als die anderen und schaut auf diese voller Verachtung und Arroganz herab.

Beide Varianten sind Extreme. Richtig wohlfühlen kann man sich nur, wenn man mit sich selbst im Reinen ist. Mit allen Schwierigkeiten und Herausforderungen im Leben lässt sich besser klarkommen, wenn die eigene Persönlichkeit in Balance ist.

Die eigene Ich-Kraft kann immer ein wenig Unterstützung vertragen. Zu viele Menschen leiden an mangelndem oder instabilem Selbstwert. Auch diejenigen, die als überzogen selbstbewusst und arrogant gelten, sollten sich um ihre Ich-Kraft kümmern. Denn auch bei ihnen ist das Selbstwertgefühl nicht im Lot, auch sie haben Ausgleich nötig. Zu viel ist eben genauso schädlich wie zu wenig!

Wer sehr abstrakt veranlagt ist, bei dem mag es schon ausreichen, Begriffe wie »Balance« oder »Harmonie« einfach nur zu denken. Doch die meisten Menschen sind weitaus sinnlicher. Das heißt, sie müssen etwas sehen, riechen, hören, schmecken oder anfassen können, um es zu verinnerlichen.

Dass es sich dabei um Dinge handeln muss, die einen Bezug zu der besonderen Energie haben, die sie gerade brauchen, ist Voraussetzung. Hierbei können sie sich wunderbar das analoge Denken zunutze machen. Darin lassen sich Querverbindungen finden zwischen Steinen, Pflanzen, Tieren, Farben, Formen, Materialien, kurz zwischen allen nur denkbaren Ebenen auf der Welt.

Bei einer solchen Vielfalt an Möglichkeiten lässt sich für jeden Geschmack, für jeden Geldbeutel und für jedes noch so kleine Zuhause ein kraftvolles Symbol finden. Das kann ein Edelstein sein, der die von dir gewünschte Energie symbolisiert. Es kann aber auch eine Pflanze sein, eine Tierfigur, ein Duft, ein Tuch in einer passenden Farbe oder auch ein ganzes Sammelsurium von Dingen. Oder wie wäre es, täglich ein spezielles »Kraftgetränk«, einen persönlichen »Energietrunk« zu sich zu nehmen? Oder sich einen geeigneten Spruch aufzuschreiben und diesen täglich zu lesen? Eine Fülle von Anregungen findest du in den nächsten Kapiteln.

Grundsätzlich ist es eine schöne Übung, sich mit den eigenen Wünschen zu beschäftigen. Lege für dich eine Richtung, ein Ziel fest. Wo willst du hin, welche Qualitäten möchtest du stärken und dauerhaft in deinem Wesen verankern? Nun wähle das passende Symbol dazu. Erinnere dich daran, dass du diese Eigenschaften in dir trägst – selbst wenn sie vielleicht lange verschüttet waren. Und auch dann, wenn du sie bislang nur bei anderen Menschen wahrgenommen hast. Einen winzigen Anteil davon hast du selbst auch. Diesen kannst du größer werden lassen.

Ein wahrer Energieschub entsteht, wenn du in deinem Zuhause die Idee deines Wunsches verankerst. In jedem Zuhause lässt sich Platz für einen oder mehrere »magische Gegenstände« finden. Du kannst richtig viel machen und einen ganzen Raum umkrempeln, oder du kannst nur einen einzigen Gegenstand aufstellen. Schon eine kleine Veränderung kann eine große Wirkung erzielen.

Gestalte dein häusliches Umfeld mit Symbolen, die deine Sehnsüchte zeigen. Du ebnest dir damit den Weg zur Erfüllung dieser Wünsche, du stärkst dein Selbstwertgefühl und bringst dein inneres Licht zum Strahlen. Es ist, als ob dein inneres Licht bislang unter einem Scheffel gestanden hätte und ihm nun erlaubt wäre, nach außen durchzudringen und hell zu leuchten.

Lasse dich von Symbolen inspirieren. Probiere viel nach deinem persönlichen Empfinden aus. Entdecke diese Welt wie eine Spielwiese! Fange einfach mal damit an, Gegenstände zu sammeln, die zur »Familie« der von dir gewünschten Qualität gehören. Welche Pflanzen, Tiere, Metalle oder Farben gehören dazu? Was symbolisiert diese besondere Energie? Lasse deine Fantasie spielen. Beschäftige dich damit. Schon allein diese »Arbeit« bringt dich dieser Kraft ein Stück näher. Wer einmal damit angefangen hat, wird Freude an diesen Zuordnungen finden, denn sie fördern die jedem Menschen innewohnende Kreativität zutage.

Dann gilt es, für all diese Dinge einen guten Platz zu finden. Sonst läufst du Gefahr, dass deine schöne Sammlung in der Vielfalt deiner Gebrauchsgegenstände untergeht. Vielleicht möchtest du eine Fensterbank gemäß deiner Wunschenergie gestalten. Oder du räumst ein Fach im Regal frei. Vielleicht besorgst du dir auch einen kleinen Tisch oder eine Kommode, die deine Sammlung aufnehmen kann. Du kannst auch nur einen winzigen Teil deines Schreibtisches reservieren. Wichtig ist, dass deine persönlichen Symbole hier ungestört liegen und dass du sie täglich sehen kannst. Dadurch entfalten sie ihre Wirkung am besten und entfachen deine Wunschkräfte.

Die Welt deiner Symbole darf natürlich auch wachsen und gedeihen – genauso wie dein inneres Empfinden, dein Gespür für das, wo deine Bedürfnisse liegen.

Steine und ihre ursprüngliche Energie

Die Welt der Symbole ist reich. Unbedingt zählen die Edelsteine dazu. Sie wirken besonders kraftvoll. Edle Steine ziehen die Menschen seit alter Zeit in ihren Bann. Die bunten Farben, die interessanten Formen, das »Feuer«, das in ihnen enthalten ist, das Licht, das sie durchscheinen lassen, all das trägt zu ihrer faszinierenden Ausstrahlung bei und verleiht ihnen eine fast magische Anziehungskraft. Edelsteine entstehen im dunklen Bauch der Erde. Werden sie ans Licht geholt, entfalten sie erst ihre stärkste Kraft und beginnen zu strahlen. Wie auch der Mensch bei der Geburt? Alte Quellen belegen, dass die Menschen schon immer versucht haben, die Steine, wie auch die anderen Geschenke der Natur, zu nutzen, an ihrer Kraft teilzuhaben, für Heilzwecke oder auch um sich zu schmücken. Sie hatten recht damit! Denn die Kräfte, die in den Steinen gespeichert sind, können tatsächlich an uns weitergegeben werden.

Die Steine sind Lebewesen des Mineralreichs und genauso bereit wie Tiere oder Pflanzen, uns bei unseren Aufgaben, in unserer Entwicklung zu unterstützen. Voraussetzung ist, dass wir ihnen mit der nötigen Aufmerksamkeit begegnen.

Wähle einen Stein ganz nach deinem Gefühl. Oder hole dir einen bestimmten Stein mit der Energie, die du gerade in deinem Leben verstärken möchtest, zur Unterstützung. Bei Steinen erwarte bitte keine schnelle Wirkung – Steine arbeiten langsam. Sie gehören schließlich zum Element Erde, damit zum langsamsten, aber auch gründlichsten der vier Elemente. Sensible Menschen werden die Wirkung deutlicher spüren, bei anderen tritt sie oft erst verzögert ein oder spielt sich gänzlich im Unterbewusstsein ab. Also: Nicht zu schnell aufgeben! Vertraue darauf, dass sicher etwas geschieht, dass du einen wichtigen Schritt getan hast, deinem Wesenskern und auch der Natur wieder näherzukommen.

Vergiss nicht, deine Edelsteine gut zu behandeln. Das heißt, sie regelmäßig zu reinigen und wieder aufzuladen. Eine gute Methode ist, sie unter fließendem Wasser zu reinigen und zum Aufladen in die Sonne zu legen. Ausgezeichnet wirkt außerdem das Reinigen in einer Amethystdruse und das Aufladen in Bergkristallen.

Doch nicht nur die Edelsteine haben uns etwas zu sagen. Zwar sind sie vor allem erforscht im Hinblick auf ihre Wirkung auf den Menschen. Aber auch die »normalen« Steine, also die, die nicht unter die Bezeichnung »Edelsteine« fallen, sind von Bedeutung. Auch sie können viel erzählen. Sie haben eine sehr ursprüngliche Energie. Sie eignen sich beispielsweise, um auf den Boden der Tatsachen zurückzukommen, den Kontakt mit Mutter Erde wiederzufinden. Besonders in realitätsfernen Zeiten sind sie für unsere Seele wichtig.

Meist sind die Steine ein Gemisch aus Mineralien. Sie setzen sich aus verschiedenen chemischen Bestandteilen zusammen. Das Mineralreich gilt als die unterste Entwicklungsstufe auf unserem Planeten. Ihm folgen das Pflanzenreich, das Tierreich und schließlich das Menschenreich. All die anderen Lebensformen dürfen wir zur Unterstützung bei unserem meist recht schwierigen Erdenleben nutzen, wir dürfen uns ihrer Kräfte bedienen, mit dem nötigen Respekt und Ehrfurcht vor der gesamten Schöpfung, versteht sich.

Das Schöne an den einfachen Steinen ist, dass wir sie überall finden können. Ein Stein kann im Wald liegen, in den Bergen, sogar im eigenen Garten gefunden werden, oder man kann einen Kiesel aus einem plätschernden Bach herausholen. Es ist ein spürbarer Unterschied, ob wir einen Stein in die Hand nehmen, der jahrelang offen in der Sonne gelegen hat oder einen, den wir aus dem Dunkel der Erde ausgegraben haben, oder einen, der über viele Jahre oder gar Jahrhunderte in einem Bachbett, einem Fluss oder im Meer auf uns gewartet hat. Die spezielle Energie ihres Aufenthaltsortes haben die Steine in ihr Stein-Wesen aufgenommen. Sie sind durch die Kraft des Flusses, des Waldes, des Berges, der Erde oder der Sonne aufgeladen.

Steine entstehen im Erdinneren aus dem Magma, durch Vulkanausbrüche oder an der Erdoberfläche durch Verwitterung und Umwelteinflüsse oder chemische Vorgänge. In den Tiefen der Erde können Steine durch metamorphe (= umwandelnde) Kräfte, z. B. hohen Druck oder große Hitze entstehen oder auch, indem organisches Material langsam zu Stein wird. Sie wachsen in Millionen von Jahren. Ihre Form wird verändert durch Druck, Hitze, Kälte, Wind und Wasser. Von diesen Erlebnissen ihrer Entstehung und ihrer langen Geschichte auf der Erde können sie erzählen. Sie haben ihr Wissen gespeichert und sind bereit, dies an uns abzugeben, wenn wir uns mit ihnen beschäftigen wollen. Sie fangen an zu strahlen, wenn wir offen dafür sind, ihre Energie anzunehmen.

Versteinerungen aus organischem Material wie versteinertes Holz oder versteinerte Muscheln und Schnecken beispielsweise entstehen, indem dieser Grundstoff in kieselsäurehaltigem Wasser liegt. Das Material »verkieselt« langsam, wird also zu Stein. Derselbe Grundstoff (Kieselsäure = Silicium) wird interessanterweise bei der Herstellung der Speicherchips unserer Computer verwendet. Da verwundert es nicht mehr, wenn das versteinerte Holz zur Erinnerung an vergangene Leben oder Ereignisse eingesetzt wird.

Versteinerte Schnecken galten schon im alten Ägypten als Zaubersteine, ebenso wurden sie bei den Mayas und in Indonesien als Talismane benutzt. Die Spiralform des Schneckenhauses gilt als Symbol von Leben, Tod und Wiedergeburt.

Eine Besonderheit sind die Lochsteine, das sind Steine, die in der Mitte ein natürlich geformtes Loch haben. Durch solch einen Stein zu schauen soll ein Fenster zur Anderen Welt sein. Die Indianer Nordamerikas überliefern außerdem, dass solch ein Stein dem Besitzer Kraft schenkt.

Manche Steine regen die Fantasie an, eine Tierform ist zu erkennen, ein Gesicht oder ein Fabelwesen, eine kleine Höhle, eine ganze Landschaft oder ein Schloss. Wenn man Steine mit Tierformen in der Hand hält, kann man sich ganz fest die Energie vorstellen, die dieses Tier versinnbildlicht, und sich von diesem Kraftstrom durchfließen und stärken lassen.

Die Farben der Steine wechseln von durchsichtig über weiß, sandfarben, gelb, rot, grünlich oder bläulich schimmernd bis hin zu braun, grau und schwarz. Ein roter Stein vermittelt schon allein durch seine Farbe Aktivität, ein schwarzer gibt viel Kraft, zieht aber auch stark zur Erde, ein gelber macht fröhlich, ein durchsichtiger hat eine eher schwebende Wirkung. Wenn du einen Kieselstein in der Hand hältst, achte auf seine Form, seine Maserung und seine Farbe. Spitze, eckige Formen treiben die Energie an. Runde Formen machen die Energieabstrahlung weich und sanft. Auch das Material, die chemische Zusammensetzung spielt eine Rolle. In unseren Breiten sind am häufigsten Kalk und Granit anzutreffen. Spannend ist es dazu, sich mit der Maserung, der Zeichnung auf dem Stein zu beschäftigen. Hier sind so manches Mal bekannte Symbole verewigt, und man kann Botschaften für sich herauslesen.

Freunde dich mit den Steinen an, und behandele dich gut, dann werden sie ihre maximale Kraft entfalten und an dich weitergeben. Wähle einen kleinen Stein, den du als Handschmeichler mit dir trägst, oder einen großen Stein, der zum Blickfang auf deinem Tisch wird. Fasse ihn immer wieder an, und mache dich mit ihm vertraut.

Es kann aber auch einfach nur Spaß machen, sich mit der Gestalt der naturgeschaffenen Steine zu beschäftigen. Wunderschön ist es nämlich, mit Steinen zu spielen wie die Kinder, Kreise oder andere schöne Muster in den Sand zu legen. Gern kannst du auch Steinkreise oder andere Formen mit Steinen in deinem Zuhause auslegen. Das ist eine spielerische Art der Meditation mit Steinen und macht einfach nur Freude – uns selbst und den Steinen.

Hast du nun einen Stein gefunden, der dich »anspricht«, so kannst du am besten mit ihm Kontakt aufnehmen, indem du ihn in die Hand nimmst. Bei den meisten Menschen ist für die Energieaufnahme die linke Hand geeignet. Nimm also einen Stein, der dir gefällt, in die linke Hand. Du spürst, dass sich der Stein in deiner Hand warm anfühlt, dass die Hand zu pulsieren beginnt. Ist die Wirkung sehr heftig, hast du vermutlich einen männlichen Stein gefunden, einen Yang-Stein. Spürst du eher ein sanftes Ziehen, hast du einen weiblichen Stein, einen Yin-Stein gewählt. Probiere es aus.
Im Übrigen musst du nicht alle Steine mitnehmen, die auf sich aufmerksam machen. Manche wollen nur an einen anderen Ort getragen, manche eine Zeit lang in der Hand gehalten werden. Frage die Steine immer, ob sie mitwollen. So merkwürdig es klingt, aber sie antworten.
Aber denke daran: Wenn du etwas von der Natur als Geschenk annimmst, solltest du ihr auch eine Gegengabe dalassen, sei es, dass du etwas Salbei, eine Münze oder vielleicht, wie es die Schamanen empfehlen, eine Prise Tabak eingräbst. Du kannst auch dem Fleckchen Erde ein Dankgebet und gute Wünsche senden oder einfach freundliche Gefühle voller warmer Zuneigung und heller Freude ausstrahlen.

Steine, die du mit nach Hause nimmst, solltest du reinigen. Bei den meisten Steinen reicht es aus, sie ein bis zwei Minuten unter fließendes kaltes Wasser zu halten. Um die Wirkung zu verstärken, stelle dir vor, wie dabei alle störenden Informationen und Fremdenergien abgewaschen und fortgespült werden. Danach kannst du die Steine noch kurze Zeit in die Sonne legen. Behandele deine Steine wie ein kostbares Geschenk der Natur. Solltest du einen Stein nicht mehr brauchen, dann kannst du ihn der Erde zurückgeben. Willst du ihn aber aufbewahren, obwohl du ihn über längere Zeit nicht benutzt, so lege ihn in ein Seidentuch oder in ein Kräuterbett aus Salbei.

Farben – ein Lichtbad für die Seele

Ein buntes Leben haben. Farbe in den Alltag bringen. Das ist gar nicht so schwer. Du kannst es, indem du dich ungewöhnlichen Erfahrungen aussetzt. Ein guter Anfang ist aber, sich tatsächlich mit den Farben zu beschäftigen und sie zu Hause bewusst zu verwenden. Wenn du ein reduziertes Design mit Weiß und Grau bevorzugst, so kann ein Farbtupfer in diesem Raum einen Brennpunkt schaffen und die Aufmerksamkeit bündeln. Wenn du eine Vielfalt an Formen und Farben liebst, kann nur eine weiße Wand deinem Raum ungeahnte Weite geben. Indem du Farben in deinem Zuhause einsetzt, kannst du die Atmosphäre des Raumes und deine eigene Stimmungslage ändern.

Jede Farbe hat ihre besondere Bedeutung:

Rot ist die Farbe, die traditionell für Energie, Willen und Aktivitäten steht. Mit Rot stärkst du deine Vitalität und dein Zielbewusstsein. Rot wirkt wie eine Umarmung der Erde. Auch die Liebeslust wird durch Rot angeregt. »Rot ist die Liebe« heißt es nicht umsonst.

Rosa wirkt ebenfalls auf die Liebe, ist aber sanfter und zärtlicher als Rot. Rosa ist die Farbe der Herzensliebe. Mitgefühl und Verständnis können wachsen.

Die Farbe Gelb wirkt sonnig und erhellend aufs Gemüt. Man fühlt sich wohl in seiner Haut und möchte sich entfalten. Die Neugier wird angeregt, vielfältige Interessen erwachen. Gelb wirkt intensiv auf den Intellekt und fördert die Kommunikation. Es ist also eine ideale Farbe für Gespräche und Diskussionen, wie auch zum Lernen und Studieren.

Mit Orange darfst du Heiterkeit und Freude erwarten. Orange fördert den Gemeinschaftssinn und hebt die Stimmung. Es ist eine sehr gute Farbe, um die innere Freude am Leben anzuregen. Orange verströmt sehr viel Wärme. Hat das Orange einen Goldton, lassen sich damit das Selbstbewusstsein und die Lebenskraft stärken.

Grün, das alles ausgleichende Grün, ist bekannt als der große Vermittler. »Grün beruhigt« sagt der Volksmund, das stimmt, Grün bringt in der Tat aufgeregte Gemüter zur Ruhe. Doch es erfrischt auch abgeschlaffte Geister. Es wirkt also nach beiden Seiten, wo immer eine Stimmung in ein Extrem zu geraten droht, da bringt Grün das Ganze wieder ins Lot. Auch erinnert es an die Lebenskraft der Natur, an das Wachsen und Gedeihen. Ein weiterer bekannter Ausspruch ist »Grün ist die Hoffnung«. Ausgedrückt wird damit die Hoffnung auf die Unzerstörbarkeit des Lebens, auf die Wiederkehr des Frühlings. Grüne Farbe in einem gemeinschaftlich genutzten Raum wie dem Wohn- oder Esszimmer kann eine Familie, die in Spannung lebt, wieder ins Gleichgewicht bringen. Die Farbe Grün trägt eine friedliche Energie in sich. Mit Grün lassen sich Konflikte glätten. Ein liebevolles Miteinander wird wieder wichtig. Grün kann sogar heilend wirken.

Türkis ist eine Farbe, die mit Jugend und Fröhlichkeit in Verbindung gebracht wird. Türkis lässt die Ideen sprudeln. Diese Farbe macht ungeheuer kreativ. Spontane Eingebungen und Geistesblitze werden mit Türkis möglich. Es vermag sogar den Selbstwert zu steigern. Mit Türkis traut man sich selbst viel zu. Türkis vermittelt das Gefühl von Wert.

Gegenüber von Orange liegt im Farbkreis Blau. Und ganz im Gegensatz zu dem nach außen drängenden, eher weltlichen Orange ist Blau die Farbe des Geistes. Blau fördert den Glauben, die Verinnerlichung und die Inspiration, ferner Geduld und Gelassenheit. Wer bei einer Meditation schwer zur inneren Sammlung findet, sollte sich mit der Farbe Blau umgeben, um leichter einen Zugang zu den geistigen Kräften, zu innerem Frieden zu finden.

Noch stärker wirkt bei Meditationen die Farbe Violett. Es ist eine mystische Farbe. Violett hat etwas Heiliges an sich und fördert den Zugang zu den oberen Welten. Hingabe, Träume und Mystik werden gefördert.

Die Nicht-Farben Weiß, Grau und Schwarz, aber auch Brauntöne sind allerdings auch nicht zu verachten. Es wäre vermutlich schwer zu ertragen, sein Zuhause kunterbunt wie einen Kindergarten zu gestalten. Wobei es auch eine Überlegung wert wäre, warum man diese übermäßige Farbenvielfalt den Kindern zumutet. Ruhe lässt sich so jedenfalls keine finden.

Weiß ist also eine wichtige und sehr wertvolle Farbe beim Thema Wohnen. Viele Häuser haben weiße Wände, die eine perfekte Grundlage geben für die Gestaltung. Weiß vermittelt Reinheit und Frieden. Ein Zuviel an Weiß kann jedoch unsicher machen.

Dunkle Farben vermitteln Sicherheit und Geborgenheit. Gerade in stürmischen Zeiten sind sie wichtig, da sie auf festen Boden zurückziehen. Dunkelbraun, Dunkelgrau und Schwarz helfen dabei, sich auf einen Punkt zu konzentrieren. Ein Übermaß an dunklen Farben kann die Atmosphäre düster und schwer wirken lassen.

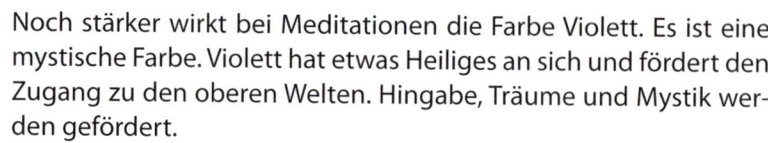

Genauso erscheint vielen Menschen die Welt im Winter: düster und schwer. Denn wenn das Licht fehlt, ist alles im Dämmerzustand. Alles erscheint nur noch grau und trüb. Eine solch düstere Stimmung kann durch mangelndes Sonnenlicht ausgelöst werden, aber auch durch die Umstände im Leben. Fehlende Aussichten auf Erfolg, ein Mangel an Liebe, verbaute berufliche Perspektiven führen in eine Abwärtsspirale. Die Lebenslust sinkt. Die Seele leidet. Die Gefahr einer Depression besteht. Spätestens dann ist es Zeit, Fachleute aufzusuchen, Ärzte oder Heilpraktiker, die dir beim Heilen helfen.

Handelt es sich jedoch nur um eine kleine Verstimmung, kannst du durchaus auch selbst etwas tun. Lasse Licht und Farben in dein Leben! Wer noch einen Rest an Lebensenergie in sich gespeichert hat, wird sowieso irgendwann innerlich rebellieren. Nun drängt es jede Zelle zum Licht. Hier sind die Farben. Hier ist das Leben. Das ist wie nach einem langen, grauen Winter. Ungeduldig wird der Frühling herbeigesehnt. Er bringt uns neue Kraft und frische Energie, er erinnert uns an das Licht.

Doch gerade in einem düsteren Seelentief gilt es, mit Farben behutsam und bewusst umzugehen. Denn zu viel des Guten bringt keinen Erfolg. Stelle dir vor: In einem Anflug von Begeisterung schmückst du deine Wohnung mit einem Meer aus Blumen in leuchtendem Gelb, Orange und Rot. Dazu entzündest du jede Lichtquelle, um in strahlender Helligkeit zu sitzen. Das sollte eigentlich gut sein, könnte man meinen. Aber was geschieht? Du bist trotzdem unendlich müde, lustlos und matt. Das Gefühl beschleicht dich, dass du es mit den starken Farben und dem vielen Licht übertrieben hast. Damit liegst du gar nicht falsch.

Wer über längere Zeit fast nur noch Grau- und Blautöne in der Umgebung und in der Aura hatte, kann sich von zu viel Licht und Farbe tatsächlich wie erschlagen fühlen. Gerade wer sehr sensibel in seiner Wahrnehmung ist, sollte aufmerksam und vorsichtig auswählen. Sonst ist es so, wie wenn man einem ausgehungerten Menschen ein Vier-Gänge-Menü vorsetzt. Davon würde er nur Magenschmerzen bekommen. Setzt du Licht und Farben hingegen gezielt ein, hast du ganz sicher mehr davon.

Blau ist eine sehr spirituelle Farbe und eigentlich wunderschön. Zu viel davon kann aber auch die Erdung verlieren lassen und letztlich depressiv machen. Reflexartig reagieren viele darauf, indem sie mit der Komplementärfarbe von Blau, also einem kraftvollen Orange dagegen angehen. Das aber ist viel zu heftig. Das Unterbewusstsein ist überfordert und schaltet auf Durchzug. Besser ist es, eine Farbe zu wählen, die dem Blau ähnlich ist. Das geht mit Farben, die eine Spur von Blau enthalten, wie Violett, Grün oder Türkis. Der Übergang verläuft so viel sanfter. Das Unterbewusstsein wird mit etwas gefüttert, das es bereits kennt – dem Blau. Gleichzeitig bekommt es aber eine neue Variante vorgesetzt, das macht es neugierig und somit hellwach. Die Lebensgeister sind geweckt. Violett ist eine Mischung von Rot und Blau. Das Rot sollte hierbei überwiegen, denn nur so wirkt Violett kraftvoll gegen den »Blues« an. Oder nimm Grün, die Mischung von Gelb und Blau. Sehr gut eignet sich außerdem Türkis. In dieser Mischung ist das gewohnte Blau drin, dazu etwas Gelb und viel strahlendes Weiß. Das wirkt sehr erhellend und erfrischend auf die Seele!

Spiele mit den Farben in deiner Umgebung. Du erzielst damit eine überraschend intensive Wirkung. Dazu musst du nicht alle paar Wochen deine Wände neu streichen. Es genügt, einige Dekoelemente auszutauschen. Das macht außerdem noch viel Spaß.
Wähle deine Farben bewusst aus – nimm in der Hauptsache also Grün, Violett oder Türkis. Schmücke zum Beispiel deinen Tisch mit einer grünen Decke, und ergänze die Tischdekoration mit grünen Kerzen und frischen Zweigen. Stelle violette Blumen, wie Primeln oder Usambaraveilchen, auf deinen Tisch. Oder drapiere einen türkisen Schal über deinen Vorhang. Ergänzen kannst du mit gelben und roten Farbtupfern.

Nach einer Weile – du wirst selbst spüren, wann es so weit ist – kannst du langsam die Anteile von Rot, von Gelb und von Weiß steigern. Das heißt, du kannst klares, reines Weiß tragen, du kannst strahlendes Gelb genießen und feuriges Rot. Den Höhepunkt an Energie und Lebenslust erreichst du schließlich doch mit Orange – aber über mehrere Stufen. Mit dieser Methode gewöhnst du dein ausgehungertes System langsam an Licht und Farbe. So kannst du für dich persönlich Kraft gewinnen, so viel du nur brauchst.

Lasse dich auch an deinem Arbeitsplatz nicht von deiner persönlichen Farbtherapie abhalten. Hier brauchst du schließlich besonders viel Aufmerksamkeit und Frische, um leistungsfähig zu sein. Außerdem hältst

du dich vielleicht wie viele Menschen hier weitaus länger auf als in deinem Zuhause.

Die Handlungsspielräume sind zwar oftmals eingeschränkt, dennoch ist es in vielen Büros möglich, zumindest eine Pflanze aufzustellen oder eine Vase mit frischen Blumen zu füllen. Falls nicht: Es geht auch anders. Um eine Farbinformation zu erhalten, reicht die Farbe an sich. Besorge dir Kartons in unterschiedlichen Farbtönen. Es reicht eine Farbkarte in der Größe einer Postkarte. Lege an den Tagen, an denen du dich müde und kraftlos fühlst, eine dieser Farbkarten auf den Tisch, sodass du unterbewusst laufend die gewünschte Farbschwingung aufnimmst, den ganzen Tag über.

Und wenn du unterwegs bist? Dann meditiere mit Farben! Das ist etwas Wunderbares. Lasse einfach in deiner Vorstellung die Farbe auftauchen, die du gerade brauchst. Oder wähle bewusst eine Farbe aus, und stelle dir diese Farbe vor. Sieh vor deinem inneren Auge, wie du von ihr umgeben bist und von ihr gestärkt und genährt wirst. Das geht überall und jederzeit. Bei Wartezeiten, während der Fahrt in der S-Bahn, unter der Dusche, während einer kleinen Pause. So bringst du mit jedem Tag mehr Farbe und damit mehr Freude und Power in dein Leben.

Wenn du mehr Zeit hast, gönne dir ein Farbbad oder eine schöne lange Farbmeditation. Sorge für eine halbe Stunde Ungestörtheit. Setze oder lege dich entspannt hin, und lasse dich auf deine Farbe ein.

Farbmeditation:
WELCHE FARBE BRAUCHE ICH?

Atme tiefer. Erde dich, indem du dir tiefe Wurzeln vorstellst, die von deinen Füßen aus in die Erde hineinwachsen. Stelle dir außerdem einen Lichtstrahl vor, der dich von deinem Kopf aus mit der Geistigen Welt verbindet.

Jetzt, wo du über deine Füße mit der Erde verbunden bist und über deinen Scheitel mit dem Licht der göttlichen Welt, bist du voller Vertrauen. Jetzt ist es Zeit, sich auf die innere Reise zu begeben.

Stelle dir vor, dass es Sommer ist, ein warmer Tag, an dem es Freude macht, spazieren zu gehen. Wandere in Gedanken über eine grüne Wiese. Du hörst Vögel zwitschern und fühlst tiefe Dankbarkeit aufsteigen, dass du hier bist. Mit jedem Schritt wirst du entspannter und gelassener.

Auf deinem Weg kommst du an einen Bach. Heller Sand und rund geschliffene Kieselsteine bedecken seinen Boden. Das Wasser ist klar und sieht einladend aus. Spontan bekommst du Lust, ein Bad zu nehmen. Gerade jetzt wird der Bach breiter und bildet ein kleines Becken. Es ist eine feine, kleine Naturbadewanne. Erfreut steigst du in das Becken und legst dich in dem flachen Wasser auf die sonnenwarmen Kiesel. Es fühlt sich wunderbar an.

Nach einer Weile hast du den Eindruck, dass das klare Bachwasser nicht nur um dich herum, sondern auch durch dich hindurch fließt. Sind die Poren deiner Haut durchlässig geworden? Du lässt dieses eigenartige, aber wunderschöne Gefühl zu und lässt das Wasser durch deinen ganzen Körper, durch alle Organe und Zellen fließen. Dabei stellst du dir vor, wie sich all deine inneren Verkrustungen und Verspannungen auflösen. Alles, was sich schwer, krank und belastend anfühlt, wird von dem weichen, klaren Wasser fortgespült. Wie erneuernd und verjüngend dies ist!

Du spürst, dass es jetzt Zeit ist, eine Bitte zu äußern. Du fragst: »Welche Farbe brauche ich jetzt im Moment am meisten?« Du bittest darum, dass diese Farbe auftaucht.

Es dauert nicht lange, und du nimmst wahr, dass das Wasser eine Farbe annimmt. Es ist eine feine, helle, leuchtende Farbe. Das Wasser bleibt durchsichtig, aber es schimmert in deiner Farbe, es ist wie mit farbigen Lichtpartikeln durchsetzt. Ein unvergleichlicher Anblick! Diese Farbe, die du so sehr vermisst hast, die du so sehr brauchst, diese Farbe umspült dich, umfließt deinen ganzen Körper und fließt sanft durch alle deine Zellen. Es ist ein Genuss. Du darfst das Leuchten »deiner« Farbe aufsaugen, so lange, bis sich jede einzelne Zelle satt getrunken hat.

Nach einer Weile siehst du, dass das Wasser wieder klar fließt, und du weißt, dass nun dein ganzes Wesen von dieser wunderbaren Farbenergie erfüllt ist. Du fühlst dich von innen heraus erfrischt und mit neuer Energie erfüllt. Dankbar und zufrieden steigst du aus dem Becken.

Du bedankst dich bei dem schönen Platz und machst dich auf den Rückweg. Über die Wiese kehrst du wieder zurück in deine Welt, ins Hier und Jetzt.

Wenn du nun Lust bekommen hast, dich mehr mit Farben zu beschäftigen, so kannst du dich in deinem Zuhause vielfältig ausleben. Solange du noch in der Testphase bist, welche Farbe wirklich zu dir passt, kann es jedoch anstrengend sein, laufend die Wände neu zu streichen oder die Vorhänge auszutauschen. Das gilt auch für Lebensphasen mit ständig wechselnden Anforderungen. Dennoch bieten gerade dann Farben eine heilsame und wirkungsvolle Unterstützung, auf die du nicht verzichten solltest. Zwar könntest du dir die Farben vor deinem inneren Auge vorstellen, doch dies erfordert etwas Übung und innere Ruhe. Gerade in einer turbulenten Zeit ist es sicherer, die Farben direkt vor sich zu haben. Eine einfache Möglichkeit, um sich mit der Energie von unterschiedlichen Farben zu umgeben und an ihre speziellen Eigenschaften gezielt anzuknüpfen, ist es, sich bunte Kerzen zu besorgen. Die Kombination der Farbkraft mit dem Element Feuer erzeugt einen kraftvollen Energieschub.

Kerzen sind ein Sinnbild von Licht und Wärme. Als Lichtquelle wurden sie längst abgelöst durch künstliche Beleuchtung. Doch ihre Wärme, ihr direktes Licht, die tatsächliche Anwesenheit von Feuer im Raum ist mit elektrischem Licht einfach nicht nachzuahmen. Kerzen sind so wichtig. Sie wecken die Sinne. Sie verbinden mit Erde und Himmel. Sie schaffen eine festliche Stimmung. Und sie können ein ausgleichender Mittelpunkt sein. Für eine Meditation sind Kerzen fast unerlässlich. Sie bieten Trost bei Einsamkeit und Verlassenheit. Denn mit den Kerzen holen wir uns das Feuer ins Haus. Feuer ist schließlich das Element, das unsere Lebensgeister weckt, das uns antreibt und eine fast sinnliche Verbindung schafft zwischen Irdischem und Geistigem. Besonders in Zeiten von Dunkelheit und Düsternis, von Kälte und Rückzug schenkt uns das Kerzenlicht ein Feuer, das die Seele erwärmt.

Feuer ist das wichtigste Element in Zeiten von Dunkelheit und Kälte, eben weil es von der Natur in den Wintermonaten am meisten zurückgenommen ist. Dieses Fehlen von Licht und Wärme schreit geradezu nach einem Ausgleich. Einen persönlichen Winter kann man in einer psychischen Tiefphase aber immer erleben. Solche Phasen gehören zum Leben. Manchmal sind es nur Tage oder Stunden, in denen die Seele abtaucht. Licht wirkt immer wohltuend. Du wirst sehen und erleichtert spüren, wie viel Energie dieses Feuer verbreiten kann.

Aber das ist es nicht allein. Rituale und religiöse Zeremonien werden fast überall auf der Welt von Feuer und Kerzenlicht begleitet. Es ist die besondere, dem Feuer innewohnende Urkraft, die zur Verstärkung der Gebete angerufen wird. Vielleicht ist es auch eine vage Erinnerung an die Zeit unserer Vorfahren, für die das Feuer überlebensnotwendig war.

Das Entzünden einer Kerze ist schon ein kleines Ritual für sich. Doch auch die Farbe der Kerze hat eine besondere Bedeutung, wie eben jede Farbe eine eigene Ausstrahlung hat. Daraus lässt sich eine einfache und schöne Übung machen. Wähle eine Kerze in genau der Farbe, die deinem Wunsch entspricht. Nun zünde die Kerze ganz bewusst an, und lasse die Energie der farbigen Kerze auf dich wirken. Verbinde mit dem bewussten Anzünden einer Kerze eine bestimmte Vorstellung oder einen besonderen Herzenswunsch. Du kannst es symbolisch sehen oder direkt: Die Flamme verstärkt die Gedanken, weil eine Naturkraft, das Feuer, helfend hinzukommt. Eine rote Kerze anzuzünden, bedeutet in höchstem Maße, die Liebe, aber auch die Tatkraft anzufachen. Immerhin ist Rot die Farbe des Feuers! Rosafarbene Kerzen stehen für Zärtlichkeit und Herzensliebe.
Für ein fröhliches Fest bieten orange Kerzen die richtige Untermalung, aber auch, um sich selbst in Feststimmung zu versetzen.
Gelbe Kerzen fördern den Gesprächsfluss. Das Denken wird angeregt.
Mit einer grünen Kerze rufst du den Wunsch nach Frieden, Ausgleich und Erneuerung wach.

Eine blaue Kerze bringt Ruhe und Frieden ins Haus. Mit blauen Kerzen wie auch mit violetten Kerzen lässt sich wunderbar meditieren.

Weiße Kerzen sind wunderbar nach einer Hausreinigung. Sie wirken sehr festlich, sehr klar und rein. Gefühle können sich dadurch besser zeigen.

Bei sehr dunkel eingefärbten Kerzen ist eine stark erdende Kraft zu spüren. Sie sollten dennoch nur sparsam verwendet werden, denn sie können auch düster wirken.

Besonders hervorzuheben sind die natürlichen Bienenwachskerzen, im Farbton golden wie die Sonne. Wenn wir an den Sommer denken, in dem die Bienen herumschwirren, Honig und Wachs produzieren, dann ist es gut vorstellbar, dass tatsächlich Sonnenenergie in diesen Bienenwachskerzen gespeichert ist. Wer bewusst eine dieser goldfarbenen Kerzen entzündet, stärkt damit das Licht in sich selbst. Die Sonne in sich leuchten zu lassen und das mit einer Kerze auch nach außen hin zu zeigen, ist etwas Wunderbares und wirkt sehr kraftvoll.

Lasse die Kerzen zu einem täglichen oder allabendlichen Begleiter werden. Lasse durch sie Licht und Wärme in dein Haus, in dein ganzes Wesen, in deine Gedanken und Gefühle hineinfließen!

Der geheimnisvolle Zauber der Düfte

Ob wir duftende Essenzen im Raum versprühen, ätherische Öle im Duftlämpchen verdampfen oder Duftkerzen entzünden – Düfte entfalten einen geheimnisvollen Zauber. Sie helfen, unsere Sinne zu öffnen und lassen die Atmosphäre zu Hause freundlicher werden. Der Frieden kann auch in uns einkehren. Besonders an (seelisch) trüben Tagen tun Düfte gut und können die Psyche stabilisieren.

Warum tun Spaziergänge in der Natur so gut? Wir bewegen uns und atmen daher tiefer. Die Lungen, das Blut und alle Zellen füllen sich mit Licht und Sauerstoff. Vor allem: Draußen in der Natur riecht es so gut – nach Blumen, nach frischem Heu, nach würzigem Wald, nach Sommerregen, nach Herbstlaub, nach Schnee.

Viel zu viele Stunden verbringen wir in geschlossenen Räumen. Da sich unsere Lebensweise nicht umkrempeln lässt, selbst wenn wir so oft wie möglich spazieren gehen, sollten wir in jeder Jahreszeit ein bisschen duftende Natur ins Haus holen. Ein guter Duft regt die Sinne an, beruhigt, klärt oder macht einfach nur fröhlich. Mit einem Duft machst du nicht nur deiner Nase eine Freude.

Wie alles, was wir mit den Sinnen aufnehmen, bleibt ja auch der Geruch nicht nur vordergründig hängen, wie eben hier in der Nase, sondern wirkt weiter auf unsere Psyche und auf unsere körperliche und geistige Verfassung. Das sind doch verlockende Aussichten! Und gerade der Geruchssinn gilt als der Sinn, der die stärkste Verbindung zu unserem Unterbewusstsein hat. Mit ihren Gerüchen stellt uns die Natur eine starke Macht zur Verfügung.

Mache dich mit den unterschiedlichen Düften vertraut, spiele ein wenig damit, entdecke deine Sinne! Du kannst die Düfte ganz direkt genießen, nämlich anhand einer ganzen Pflanze oder Frucht. Orangen, auch getrocknete Orangenscheiben, bringen Frische ins Haus.

Einen besonders aromatischen Duft verbreiten Zitrusfrüchte, wenn du sie zusätzlich mit Gewürzen wie Nelken spickst. Nadelzweige erzählen uns von der Kraft des Waldes, Kräuter versinnbildlichen die Gesundheit. Äpfel und Nüsse erinnern mit ihrem herben oder süßen Duft an die Geschenke der Natur. Du kannst die Düfte aber auch als Duftöl genießen. Die Wirkung von reinen Duftölen ist viel feiner als von den ganzen Pflanzen. Es gilt das gleiche Prinzip wie bei den homöopathischen Arzneimitteln: Eine Frucht als Ganzes genossen, kann guttun, ihre Essenz jedoch kann heilen. Der sinnliche Genuss im Gesamten ist bei einem Tannenzweig, bei einem Apfel oder einer Orange größer als bei einem Duftöl. Schließlich können wir einen Apfel anschauen, uns an seiner Form und Farbe erfreuen (Sehsinn), wir können ihn anfassen, seine glatte Haut befühlen (Tastsinn), ihn sogar schmecken (Geschmackssinn) und natürlich seinen Duft genießen (Geruchssinn). Beim Aromaöl bleibt nur der Duft, dieser aber in seiner stärksten, reinsten Form.

Duftöle werden je nach Pflanze aus den Blüten hergestellt, aus Blättern, Samen, Früchten, Schalen, Harzen, Nadeln, Hölzern oder Wurzeln. Am einfachsten ist es, ein Duftöl in einem Duftlämpchen zur Wirkung kommen zu lassen. Dabei werden einfach ein paar Tropfen von einem Öl in ein Schälchen mit Wasser geträufelt, ein Teelicht erwärmt diese Mischung, dadurch kann sich der Duft wundervoll entfalten. Fange dezent an. Wenn der Duft zu intensiv ist, wird er schnell als unangenehm empfunden. Zum Duften bringst du deine Wohnung außerdem durch Räucherwerk, durch parfümierte Kerzen, durch getrocknete Blüten, die mit einem Duftöl beträufelt werden oder durch eine Wasser-Duftöl-Mischung in einem Zerstäuber. Letzteres ist vor allem praktisch, weil man die Mischung vorfertigen und in Räumen einsetzen kann, in denen Kerzen ungeeignet oder unerwünscht sind, wie in Kinderzimmern oder im Büro.

Willst du den Duft, die Wirkung deiner ausgewählten Pflanze auch über die Haut aufnehmen, so bereite dir ein Massageöl oder ein duftendes Badewasser zu. Das Massageöl ist leicht selbst herzustellen. Ein Basisöl wie Mandelöl, Jojobaöl oder Johanniskrautöl wird mit einigen Tropfen des ausgewählten Duftöles vermischt – fertig. Beim Baden mische das Duftöl zunächst mit etwas Sahne oder Honig und dann erst mit dem Badewasser. Dadurch verbindet sich das Öl wirkungsvoller mit dem Wasser, der Duft kommt stärker zur Geltung.

Für jeden Verwendungszweck gibt es das richtige Öl. Die Wirkungen reichen von stimmungsaufhellend über erfrischend und reinigend bis entspannend, beruhigend und sinnlich. Suche dir die Düfte aus, die du für deine jeweilige Situation benötigst.

Willst du angeregt werden, wie etwa bei der Arbeit oder einem fröhlichen Gespräch mit Freunden, so wähle erfrischende Zitrusdüfte wie Grapefruit, Orange und Zitrone oder Nadelhölzer wie Kiefer, Fichte und Zypresse. Auch Pfefferminze und Rosmarin gehören zu der aufmunternden Duftgruppe.

Brauchst du dringend Entspannung nach einem stressreichen Tag oder willst du eine trübe Stimmung in ein freundliches Wetter verwandeln, dann greife zu Düften wie dem beruhigenden Lavendel oder dem erdenden Sandelholz. Auch Rose, Bergamotte, Zeder und Orangenblüten, genannt Neroli, sind wundervolle Düfte fürs Ruhe- oder Schlafzimmer, genauso Kamille und Muskatellersalbei. Zum Meditieren eignen sich Weihrauch, Rose und Ysop.

Suchst du einen Duft für einen sinnlichen Abend zu zweit oder möchtest du dich einfach mal rundum verwöhnt fühlen, so wähle Jasmin, Rose, Ylang-Ylang, Neroli oder Honig.

Kinder lieben besonders sanfte Duftmischungen mit Honig, Mandarine und Kamille.

Willst du einen Raum reinigen, weil hier gestritten wurde oder weil hier jemand krank lag, so benutze einen starken Reinigungsduft, wie Wacholder, Rosmarin oder Eukalyptus. Auch um einer Hausreinigung den würdigen Abschluss zu geben, kannst du diese Düfte einsetzen, genauso natürlich, wenn du eine Wohnung neu beziehen und nicht mit den Energien deiner Vormieter leben willst.

Spiele mit den Düften, und erfinde selbst neue Mischungen: Erwecke deine Sinnesorgane zu neuem Leben, schnuppere, genieße, lasse dich betören von Düften aus allen Zeiten und allen Erdteilen. Schaffe dir wieder Zugang zu einem Wissen, das seit alter Zeit tief in unserer Erinnerung verborgen liegt.

Mit Räucherungen das Haus schützen

Über alle Zeiten, Religionen und Kulturen hinweg waren und sind die Zeremonien von Priestern, Druiden und Schamanen von Räucherungen begleitet. Es hat etwas von Magie an sich. Das Verbrennen von Räucherwerk weckt die Erinnerung an die Urzeit der Menschheit, als man gemeinsam um ein Feuer saß. Der Bezug der Menschen zur Natur war noch so stark, dass sie instinktiv wussten, wann und zu welchem Zweck welche Pflanze zu verbrennen war, um eine bestimmte Wirkung zu erzeugen. Möglicherweise entwickelte sich das Ganze auch rein zufällig: Vielleicht ist den Menschen beim Verbrennen verschiedener Hölzer ihr unterschiedlicher Duft, eine veränderte Wirkung aufgefallen. Hatte man wenig Holz, verbrannte man Heu, dieses enthielt getrocknete Kräuter und Blumen – und wieder war ein neuer Duft, eine andere Wirkung zu spüren, die Stimmung ums Lagerfeuer veränderte sich. Diese Wirkungen wurden irgendwann erforscht, überliefert und schließlich aufgezeichnet.

Intensiv wirkt das Räuchern auf den Geruchssinn. Die Zeremonie, die damit verbunden ist, macht es aber noch geheimnisvoller.

Warum das Räuchern? Der Geist ist nicht sichtbar, wie auch die Luft, flüchtig, wenn er doch erscheint, wie auch der Rauch. Der Rauch verteilt sich, dringt durch Ritzen und Stoffe hindurch, er steigt zum Himmel auf, kann Botschaften mit sich tragen.

Faszinierend ist, dass das Räuchern in allen Kulturen ein fester Bestandteil von Reinigungszeremonien ist. Orte, an denen viele Menschen zusammenkommen, fangen diese vielfältigen Energien auf und sollten regelmäßig energetisch gereinigt werden. In Kirchen und Heiligtümern anderer Kulturen ist dies selbstverständlich. Sicherlich würde es auch den Schulen, Ämtern und Versammlungsstätten guttun.

Du wirst schnell selbst feststellen können, wann für dein Zuhause der richtige Zeitpunkt gekommen ist. Du kannst dein Haus oder deine Wohnung beim Einzug ausräuchern, ein Zimmer nach einer Krankheit, nach Streit, Stress und Trauer. Also immer dann, wenn etwas Schweres, Belastendes in der Luft liegt, solltest du diese Energie durch die Leichtigkeit der Luft auflösen. Wenn bloßes Lüften nicht mehr genügt, räuchere!

Ein klassischer Zeitpunkt ist der Jahreswechsel. Jetzt gilt es, den schlechten Geistern, sorgenvollen Gedanken und miesen Gefühlen die Tür zu weisen, das Haus zu reinigen und mit frischer Energie zu füllen. Das Haus wird durch eine Räucherung gereinigt und gut geschützt. So kann das neue Jahr kommen.

Zum Räuchern kannst du getrocknete Kräuter, Zweige von Nadelbäumen, Rindenstücke, Blätter, Samen oder Baumharze verwenden. Manche Substanzen wirken anregend und schenken neue Kraft und frischen Mut. Andere beruhigen und fördern einen erholsamen Schlaf. Wieder andere stimulieren die Erotik oder inspirieren bei künstlerischen Arbeiten.
Es gibt im Handel auch fertige Räuchermischungen, die schon für bestimmte Wirkungen zusammengestellt sind. Willst du dir dein Räucherwerk selbst mischen, nimm am besten Pflanzen aus deiner eigenen Umgebung. Die sind leicht zu finden, und du hast damit die Gewähr, dass du die Verbundenheit mit deinem gewählten Lebensort stärkst.
Führe eine Räucherung nicht nebenbei und achtlos durch. Es ist eine bedeutungsvolle, ja heilige Handlung, auf die du dich vorbereiten und die du ganz bewusst und mit voller Konzentration ausführen solltest. In Japan heißt das Räuchern »dem Duft lauschen«. Das weist wunderbar darauf hin, dass man sich für die Zeremonie Zeit nehmen und sie nicht achtlos nebenbei ausführen sollte. Nimm dir also Zeit! Lege Musik auf, die dir passend erscheint, oder genieße deine kleine Zeremonie in der Stille. Auch Kinder haben übrigens Freude am Räuchern, wie an allem Besonderen. Sie bringen durch ihre Verbundenheit mit den Elementen oftmals beachtenswerte Ideen.
Wähle eine feuerfeste Schale, und fülle sie zur Hälfte mit Sand. Doch zuerst noch etwas Grundsätzliches: Gehe sorgsam mit dem Feuer um. Achte auch darauf, dass die Schale möglicherweise sehr heiß wird. Stelle sie auf eine feuerfeste Unterlage. Passe auf, dass sich keine entzündlichen Gegenstände wie Zeitschriften oder Vorhänge in der Nähe befinden, und lasse, auch beim Abkühlen, die Schale nicht ohne Aufsicht. Und nun kannst du beginnen.
Danke für die Gabe der Natur. Halte ein Stück Räucherkohle mit einer Pinzette, und entzünde es mit einem Feuerzeug oder an einer Kerzenflamme. Nun lege es in die Schale. Wenn die Kohle glüht, gib dein Räucherwerk dazu. Willst du ohne Kohle räuchern, lege dein Räucherwerk auf ein spezielles Räucherstövchen mit Teelicht.

Fächele den Rauch mit den Händen, oder verteile ihn mit einer Feder im Raum. Du kannst den Rauch nach indianischer Sitte in die vier Himmelsrichtungen sowie zum Himmel und zur Erde streichen, um die eigene Umgebung, Mutter Erde und die himmlischen Mächte zu erreichen und zu ehren. Stelle dir vor, wie der Rauch diesen Raum und deine ganze Umgebung durchdringt, mit seiner Kraft reinigt, mit einer neuen Energie füllt. Alles Belastende wird umgewandelt, aufgelöst. Stelle dir das bildlich vor. Du kannst auch Gegenstände in den Rauch halten, an denen ungute Erinnerungen oder Krankheiten hängen. Nenne dann deine persönlichen Wünsche, bitte um Schutz, um Glück oder Liebe.

Nach Beendigen deiner persönlichen Räucherzeremonie lasse die Schale ruhen, bis sie vollkommen abgekühlt ist. Das kann mehrere Stunden dauern. Die Kohle kannst du mit der Pinzette unter kaltes Wasser halten, um sie abzulöschen, die Schale jedoch nicht, da sie durch den Temperaturunterschied zerspringen könnte. Erst danach gibst du die Asche der Erde zurück, wieder mit einem Dank, und reinigst die Schale.

Einige der geläufigsten Pflanzen und Substanzen, die du zum Räuchern verwenden kannst, wirst du kennen, wie Tannenzweige, Weihrauch oder Zimt. Nutze diese und viele andere Gaben aus der Natur zum Schützen, zum Reinigen und um Glück und Liebe anzuziehen.

Räucherungen zum Schutz

Der Tannenbaum ist ein uralter Schutzbaum bei den Kelten und hat diese Funktion auch in christlichen Bräuchen inne. Denke nur an den Weihnachtsbaum, der gerade während der heiklen zwölf Rauhnächte aufgestellt wird! Wenn du mit Tannennadeln oder Tannenharz räucherst, stelle dir vor, dass du und dein Haus von einem strahlenden Lichtschein umgeben seid, der vor allem Bösen schützt. Ähnlich wirken Fichtennadeln und Fichtenharz.

Räucherungen zum Reinigen

Reinheit schenkt in der indianischen Tradition eine Räucherung mit Weißem Salbei, Wüstenbeifuß und Süßgras.

Eine stark desinfizierende Wirkung hat nach germanischer Überlieferung das Räuchern mit Wacholderzweigen. Nicht nur körperlich krank machende Einflüsse hält der Wacholder fern, sondern auch schädliche Wirkungen auf die Seele und böse Gedanken. Eine Reinigung mit Wacholder schenkt Klarheit auf allen Ebenen.

Von den Kelten stammt eine reinigende Räuchermischung von Weihrauch und Wacholder. Weihrauch wurde schon früh über Handelsstraßen nach Europa importiert. Der Weihrauchbaum wächst im Süden der arabischen Halbinsel. Dort wird sein Harz gesammelt und getrocknet. In seiner Heimat galt die Reinigungswirkung von Weihrauch als so grandios, dass eine Reinigung mit Weihrauch gleichbedeutend zur täglichen Waschung mit Wasser angesehen wurde.

Du kannst ein Zimmer, ein Haus mit diesem Rauch von allen negativen Gedanken und Gefühlen reinigen. Auch einen Gegenstand wie etwa ein Schmuckstück, das zum Beispiel ein Kranker getragen hat oder an dem belastende Erinnerungen hängen, kannst du in seinem Rauch von diesen Energien befreien. Weihrauch wirkt zudem entzündungshemmend, er beruhigt, wirkt erstklassig gegen Stress und fördert dadurch Meditation und Gebet.

In Indien wird mit Sandelholz geräuchert, um negative Einflüsse zu verbannen.

Räucherungen für Glück

Die Lärche ist ein sanfter Baum, mit weichen Nadeln, die im Herbst abfallen. Elfen und Feen bevorzugen die Lärche. Sie helfen den Menschen, wenn sie ihrer Unterstützung bedürfen. Daher haben Räucherungen mit Lärchenzweigen oder Lärchenharz mit Glück und Erfolg zu tun. Aus römischer Zeit stammt die Gepflogenheit, Lorbeer zu räuchern, um das Glück anzuziehen. Ein feiner Duft entfaltet sich beim Räuchern von Zedernholz. Dieser Baum gilt im Mittelmeerraum als Symbol für Stärke und Langlebigkeit.

Räucherungen für die Liebe

Getrocknete Kamillenblüten in einer Räuchermischung schenken Wärme und Geborgenheit.

Die Zimtrinde ist als Gewürz in Süßspeisen und auch als Aphrodisiakum bekannt. Ebenso wirkt sie bei der Räucherung stimmungsaufhellend und sinnlich. Der Duft von Zimt erwärmt das Gemüt, entspannt und öffnet somit das Herz. Die Liebe kann Einzug halten. Mit Myrte zu räuchern, soll Jugend und Anmut erhalten. Betörend sinnlich ist eine Räucherung mit Labdanum, dem Harz der Cistrose. Bei den alten Ägyptern hieß es, Räucherungen mit Weihrauch und Myrre steigern die Sinnlichkeit und bringen Licht in den Alltag. Weihrauch sahen sie als Symbol für die göttliche Liebe, Myrre für die menschliche Liebe. Aus Indien stammen Benzoe und Vetiver, die die Sinne betören und die Freude an der Liebe erwecken sollen.

Bachblüten – Heilung für das Haus

Sie riechen nicht, aber sie wirken doch – die Bachblüten. Dabei handelt es sich um Essenzen, die aus blühenden Blumen und Sträuchern gewonnen werden. Sie haben eine besonders hohe und feine Energieschwingung und zählen zu den wunderbarsten Geschenken der Natur. Übrigens heißen diese Essenzen nicht Bachblüten, weil sie an Bächen gesammelt werden, sondern weil sie von dem englischen Arzt Dr. Edward Bach erforscht wurden. Er hat in den 1930er Jahren die Wirkung von 38 wichtigen Essenzen aufgeschrieben. Seither hat sich dieses Wissen weit verbreitet. Inzwischen gibt es eine Vielzahl weiterer höchst wirksamer Blütenessenzen, etwa aus Kalifornien oder aus Australien. Immer noch aber sind die klassischen Bachblüten etwas Besonderes.

Das Schöne an der Bachblütentherapie ist, dass man nichts falsch machen kann. Es gibt nämlich nicht, wie bei anderen Heilmitteln, die Gefahr der Überdosierung. Nimmt man die falsche Blüte oder von einer Sorte zu viel, geschieht – nichts. Der Körper verarbeitet ausschließlich das, was er gebrauchen kann. Alles andere wird gar nicht erst aufgenommen oder umgesetzt. Wer seine persönliche Verfassung mit diesen Essenzen aufbauen möchte, nimmt ein paar Tropfen pur oder mit Wasser vermischt ein.

Neben der weit verbreiteten Anwendung für körperliche Beschwerden und psychische Symptome lassen sich die Bachblüten aber auch noch viel umfänglicher verwenden. Ihre Wirksamkeit braucht nicht nur auf den eigenen Körper beschränkt zu werden.

Sieht man ein Haus als Organismus, der stabil oder geschwächt sein kann, lässt sich auf der energetischen Ebene ebenfalls mit Bachblüten arbeiten. Diese Essenzen können das gesamte Zuhause mit Energie anreichern.

Mit den Blütenessenzen lässt sich die eigene Umgebung energetisch reinigen und harmonisch stimmen. Die Essenzen duften allerdings nicht und bieten auch farblich keinerlei Anreiz – es geht hierbei rein um die energetische Wirkung. Die aber kann gewaltig sein.

Dazu füllst du etwas Wasser in einen Zerstäuber und gibst ein paar Tropfen deiner ausgewählten Bachblüten dazu, evtl. bereichert durch einen schönen Duft. Diese Mischung versprühst du in deinem Raum. Du kannst auch ein feines Duftöl in dein Duftlämpchen geben, dazu einige Tropfen der Bachblüten und das Ganze zusammen verdampfen.

Das Wichtigste ist zwar immer, sich um die eigene Gesundheit und Ausgeglichenheit zu kümmern, doch wenn man dann in ein Zuhause zurückkehrt, in dem die Sorgen, die Ängste und Zweifel, der Missmut und der Streit in jeder Ecke lauern, dann erfordert es unendlich viel Kraft, die eigene gute Stimmung zu bewahren und sich nicht anstecken zu lassen. Somit macht es durchaus Sinn, nicht nur sich selbst, sondern auch die Umgebung zu behandeln. Aus diesem Grund werden ja auch in traditionellen Gebräuchen Gebäude geweiht, indem der Segen nicht nur für die Bewohner, sondern für das ganze Haus herabgerufen wird.

Reinigen nach Krankheit und Streit

Die beste Reinigungsblüte ist »Crab Apple«. Nach mühevoller Arbeit, nach einer Krankheit, aber auch nach einem anstrengenden Besuch ist es wichtig, nicht nur gründlich zu lüften, sondern auch die Atmosphäre zu reinigen und neu zu beleben.

Wenn es einen sehr heftigen Streit gegeben hat, reicht es in den meisten Fällen nicht aus, nur sich selbst zu beruhigen. Die Umgebung speichert das Erlebte, jede Faser strahlt die Erinnerung an die Geschehnisse noch eine Zeit lang aus. Die Luft nach einem Streit ist wirklich zum Schneiden dick und hat eine Auffrischung nötig. Unbedingt notwendig ist es, die Fenster zu öffnen und kräftig durchzulüften. Danach versprühst oder verdampfst du einige Tropfen »Crab Apple« im Raum.

Einen Schock lösen

Besonders heftige Erlebnisse wirken wie ein Schock. Solch ein Schock kann sich auch in einem Gebäude festsetzen, zum Beispiel nach Gewalteinwirkung wie körperlicher Gewalt unter den Bewohnern, nach einem Einbruch oder einem Diebstahl, aber auch nach einem Blitzschlag oder einem Sturmschaden. Ungelöste Schocks von Gebäuden spüren sensible Menschen sogar körperlich – sie fühlen eine massive Abwehrhaltung, wenn sie das Haus betreten, sie können sich nicht konzentrieren, finden keine Ruhe und schlafen schlecht oder gar nicht.

Das Aufräumen und Neuordnen der angegriffenen und zerstörten Bereiche ist das Erste, was getan werden muss. Danach kommt das Absichern, damit Ähnliches in Zukunft nicht so leicht wieder geschehen und das Gefühl der Sicherheit wieder zunehmen kann. Der nächste Schritt aber ist die Anwendung einer Bachblüte. »Rock Rose« steht dafür, akute Ängste und Panikattacken zu lösen – auch aus der Umgebung! So kann die eigene Zuversicht viel leichter und schneller wieder Fuß fassen.

Das Eingewöhnen erleichtern

Wir sind es gewohnt, unsere Umgebung zu verändern – aber wir werden auch von ihr verändert. Ein Umzug bringt neue Anforderungen mit sich. Es ist ein Neuanfang, der zwar meistens über längere Zeit vorbereitet war, aber dann doch über Nacht Wirklichkeit wird und erst einmal verdaut sein will. Die Wohnung riecht manchmal noch nach den Vorbesitzern, ihre Spuren sind häufig noch sichtbar, selbst wenn renoviert wurde. Und wenn es nur die Spuren der Handwerker sind. Noch fühlt man sich als Fremder im neuen Zuhause. Man hat sich eben noch nicht aneinander gewöhnt. Hier hilft erst einmal, alles gründlich zu putzen, um jede Fläche, jeden Winkel mit der eigenen Energie zu füllen. Noch weiter lässt sich diese Eingewöhnungsphase durch die Bachblüte »Star of Bethlehem« erleichtern. Diese Blüte ist sehr liebevoll. Sie tröstet und versöhnt mit dem Status quo. Man akzeptiert die Gegebenheiten und fühlt, dass man als Mensch nicht alleine auf der Welt ist, auch dann, wenn gerade kein anderer da ist.

Klare Entscheidungen treffen

Bachblüten im Haus zu verwenden, ist auch dann sinnvoll, wenn es sich um Probleme handelt, die sich räumlich eingrenzen lassen. Etwa, wenn du jedes Mal vor dem Kleiderschrank in Entscheidungsnöte gerätst, was du denn anziehen sollst. Oder wenn du jeden Tag wieder uninspiriert vor dem Kühlschrank stehst und einfach nicht weißt, was du kochen sollst. Ansonsten gehst du deinen Tag doch recht zielgerichtet an. Nur in diesen bestimmten Situationen gerätst du ins Schwimmen. Dann versprühe doch mal eine Bachblüte – auf deinen Kleiderschrank, deinen Kühlschrank, oder wo auch immer die Unsicherheit auftritt. Du wirst dich wundern!

»Centaury« ist die richtige Blüte, wenn du es vor allem anderen recht machen willst, auf deine eigenen Wünsche aber wenig achtest. Die Blütentropfen »Cerato« helfen, wenn du deinen Eingebungen nicht traust. Also zum Beispiel Lust auf Jeans hast, aber den Gedanken beiseite schiebst und dich schick machst. Gerade an diesem Tag kommt eine Lieferung, und du musst mit anpacken – eine praktische Kleidung wäre klasse gewesen. Hättest du mal auf dein Gefühl gehört! Eine dritte wichtige Blüte in Entscheidungsfragen ist »Scleranthus«, speziell dann, wenn du dich nicht zwischen zwei Varianten entscheiden kannst und ständig hin- und herschwankst. Und wenn du dich endlich entschieden hast, nicht zu deiner Entscheidung stehst und der anderen nachtrauerst.

Nach deinem Einsatz der Bachblüten im Haus achte auf die feinen Veränderungen, die sich nach und nach einstellen. Beobachte, wie sich dein eigenes Verhalten verändert. Nimm wahr, wie auch deine Umgebung mitschwingt, wie entspannt deine Familie, deine Mitbewohner und Besucher auf die gereinigte und energetisierte Atmosphäre reagieren. Schaue auch auf deine Pflanzen und Haustiere, denn die werden es als Erste merken. Habe keine Scheu, Erfahrungen damit zu machen, denn du weißt ja: Überdosieren oder falsch anwenden kannst du die Bachblüten nicht. Du darfst nach Herzenslust experimentieren.

Musik und die Schwingungen im Haus

Musik und Gefühle sind eng miteinander verknüpft. Was wir mit Worten nicht auszusprechen vermögen, das können wir mit Rhythmen oder Melodien oft klarer ausdrücken. Doch die Musik kann uns auch ohne unser Zutun, ohne unser Wollen in eine bestimmte Stimmung versetzen: Sie kann uns traurig machen, nachdenklich oder sinnlich, sie kann eine Meditation untermalen, sie kann uns anregen, aufregen, Gefühle aufpeitschen.

Nun wissen wir, dass unsere Umgebung von unseren Gefühlen gestaltet wird. Sensible Menschen spüren, wenn sie ein Zimmer betreten, ob hier Traurigkeit herrscht, Freude, Liebe oder Streit. Die dort gespeicherten Gefühle, die die Umgebung aufgenommen und gespeichert hat, werden wieder an uns abgegeben. Das macht es so schwer, eingefahrene Gefühle und Gedanken zu verlassen.

Da nun aber Musik die Gefühle beeinflussen kann, so kannst du diese Erkenntnis auch für deine Umgebung nutzen. Je zielgerichteter du Musik einsetzt, desto mehr kannst du aus deinem Haus eine Kraftquelle für dein Leben machen.

Musik und Gesang erfreuen die Seele und das Herz – ist daran irgendetwas Schlechtes? Grundsätzlich natürlich nichts, aber jeder weiß, dass Musik auch mal nerven kann. Jeder hat seine Lieblingsmusik, kennt aber auch Musik, die er schon nach kurzer Zeit als Störung, als Lärmbelästigung empfindet. Das mag für den einen dudelnde Volksmusik sein, für den anderen einfach gestrickte Schlager, für den dritten ausgefeilte klassische Werke, für den vierten das gleichförmige Stakkato von Techno-Klängen.

Gleich in welcher Stimmung man sich befindet – Musik kann diese ändern, kann zärtliche und romantische Gefühle wecken, Urlaubserinnerungen hervorholen, aufputschen, aggressiv machen, anstacheln. Man wird sofort in Hochstimmung versetzt oder fällt in ein Chaos der Gefühle, entwickelt spontan Kampfeslust oder ist bereit, die ganze Welt in Liebe zu umarmen. Dieser enorme Einfluss auf unsere Gefühlswelt ist das Faszinierende und zugleich das Beunruhigende daran. Denn in Bezug auf die Gefühle sind die meisten Menschen ungeheuer offen und beeinflussbar. Das heißt, dass uns Musik in eine bestimmte Richtung drängen kann, wir also damit gelenkt werden können. Wir alle kennen die dauernde Musikberieselung in den Kaufhäusern – sie soll uns entspannen und unseren Geldbeutel öffnen. Das gelingt meist recht gut. Oder denke an Kirchenmusik, den brausenden Gesang der Orgel, der die Schwingen der Seele erhebt und pathetische Gefühle aufkommen lässt. Oder stelle dir den Gesang von Geigen vor, die in Hollywood-Filmen nie fehlen, wenn es gilt, eine Liebesszene zu untermalen. Oder auch an das Mitreißende eines Marsches, der sowohl das Denken der Zuhörer in eine gewünschte Richtung drängen als auch zum Widerstand aufrufen kann, aber immer spürt man den Takt im Vordergrund, der Kampfesmut wird herausgefordert, so oder so. Jedes Instrument, jede Art von Musik erzeugt ein bestimmtes Gefühl.

In vielen Versuchen wurde nachgewiesen, dass die meisten Pflanzen besonders gern Mozart hören, sie entwickeln sich dann einfach besser. Auch Babys im Mutterleib lieben Mozart, sagt man, sie werden ruhig und friedlich. Diese Wohltat sollten wir uns und unserer Umgebung zwischendurch auch gönnen.

Wenn eine Mutter ihr weinendes Kind tröstet und ihm ein Lied vorsingt – und mag es noch so falsch gesungen sein –, dann kommt diese Musik, dieses Lied aber aus dem Herzen. Die Wirkung ist mindestens genauso groß, wie wenn die Musik von einer großen Sängerin auf einer CD abgespielt wird. Es spielt eine große Rolle, wie sehr der Sänger oder Dirigent unter Stress stand oder voller Freude und Begeisterung die Musik aus dem Herzen fließen ließ. Wenn du einem anderen Menschen zuhörst, dann hörst du bewusst das, was er sagt. Unbewusst nimmst du aber auch auf, wie er es sagt, was an Gefühlen mitschwingt. So ähnlich kann man sich das bei der Musik auch vorstellen. Wenn auch meist unbewusst, so spürt doch jeder Mensch irgendwie, ob der andere begeistert und mit Freude bei der Sache war oder unter Stress stand.

Besser als Worte kann Musik also die ganze Palette der Gefühle ausdrücken – von der überströmenden Lebensfreude bis hin zur tiefen Melancholie. Die Lust und die Fähigkeit, selbst Musik zu machen, selbst Töne hervorzubringen, zu singen und Instrumente zu spielen, ist vermutlich die älteste Therapie der Welt. Musik hat eine heilende Kraft. Sie stärkt die Lebensenergie und die Seele – das gilt nicht nur für die Menschen, sondern auch für Tiere, Pflanzen und sogar für die Schwingungen in einem Haus.

Musik für den Körper

Je stärker ausgeprägt der Rhythmus ist, desto mehr wirkt die Musik auf die unteren Chakren, auf die Grundlagen unseres Seins, auf unseren Körper. Stark rhythmische Musik ist direkt körperlich zu spüren, probiere das einmal aus (durch entsprechende Lautstärke gelingt das leichter). Du kannst diese Art der Musik nutzen, um mehr Körperbewusstsein zu entwickeln.

Stelle dir vor, du bist zu Hause, hast jede Menge Hausarbeit zu machen, fühlst dich aber eigentlich zu müde dazu. Wenn du die Arbeit schon nicht verschieben kannst, willst du dann tatsächlich lustlos den Staubsauger durchs Haus schleppen? Oder ihn lieber gutgelaunt durchs Haus jagen? Lege einen Wiener Walzer auf, ungarische Tänze oder einen fetzigen Rock'n'Roll. All das wirkt stimulierend, regt die Bewegungslust an. Sicherlich weißt du, wie viel leichter sportliche Übungen fallen, wenn sie von schwungvoller Musik begleitet werden. Ob mit Buschtrommel oder Schlagzeug untermalt – ein kräftiger Rhythmus geht ins Blut und reißt uns förmlich aus dem Sessel.

Für das Zuhause gilt: Rhythmische Musik kann die in der Umgebung gespeicherte Erinnerung an Müdigkeit, Krankheit, Lustlosigkeit in eine sehr kraftvolle und unternehmungslustige Energie umwandeln.

Musik für den Geist

Komplizierter aufgebaute Musik wie die meiste Klassik oder manche Jazzstücke wirken auf den Intellekt. Wir können sie benutzen, um unseren Geist anzuregen, neue Ideen zu finden, uns in große Höhen aufzuschwingen. Hoch entwickelte Musik ist immer Nahrung für den Geist. Sie kann unser Bewusstsein in eine neue Stufe führen. Auch die typische Meditationsmusik, die getragen und leicht ist, führt in diese Richtung. Die sanften Obertöne sollen das Erhabene in uns wecken.

Solche Musik kann aber auch, trotz ihres Anspruchs, einfach nur entspannen. Stelle dir vor, du kommst von der Arbeit, bist in Gedanken an die Diskussionen mit Kunden und Chef noch total aufgewühlt, dann kamen noch ein paar nervige Autofahrer auf der Heimfahrt hinzu. Nun schenkst du dir, um deinen Geist wieder zur Ruhe zu bitten und den Feierabend einzuläuten, eine Viertelstunde reinen Musikgenuss. Musik, die entspannt und dich friedlich stimmt. Vielleicht brauchst du erst ein flottes Lied, weil dich in deiner aufgewühlten Stimmung eine ruhige Meditationsmusik aggressiv machen würde. Drossle dann langsam das Tempo. Erstelle selbst eine CD oder ein Band mit passenden Aufnahmen – zuerst ein schneller Song, dann immer langsamere Stücke, bis du schließlich bei den ruhigen Klängen angelangt bist und sich alles in dir entspannt und friedlich anfühlt, dein Geist sich wieder klärt und dich erneut aufnahmefähig macht.

Wenn du in deinem Zuhause viel gegrübelt und quälende Gedanken gewälzt hast, dann ist es ebenfalls Zeit für klassische Musik oder Meditationsmusik. Du merkst daran, dass es zu viel war, dass du von diesen Gedanken förmlich überfallen wirst, sobald du den Raum betrittst. Oftmals ist das sogar das Schlafzimmer, ein Ort, an dem man eigentlich zur Ruhe kommen sollte. Vielleicht haben sich schon Wände und Möbel mit destruktiven Gedanken angefüllt. Schenke dir und diesem Raum Reinigung und Frische, mache Musik an, die den Geist erhebt! Das Vertrauen zur himmlischen Welt kann wieder wachsen. Du fühlst dich aufgehoben und meinst nicht länger, du müsstest alles allein schaffen. Du kannst wieder entspannen.

Musik für die Seele

Musik, in denen die Melodie die Hauptrolle spielt, wirkt vornehmlich auf das Herz, auf die Seele. Nicht umsonst werden Liebesszenen mit Melodien umrahmt, mit Geigen und Gesang untermalt. Wir können sie verwenden, um Zugang zu den gefühlsstarken Seiten unseres Wesens zu finden. Je sanfter die Melodien sind, desto weniger wühlen sie auf.

Jeder kennt Musik, die ihm das Herz öffnet, auch wenn wir sie in coolen Momenten als zu romantisch oder gar gefühlsduselig ablehnen. Wer aber schwer Zugang findet zu seiner Gefühlswelt, sollte sich ruhig einmal mit Melodien erfreuen. Sie sind wie ein wärmendes Feuer. Traue dich, singe selbst wieder einfache Lieder, genieße mit Freude die Harmonien.

Wenn dein Zuhause mit traurigen Gefühlen, mit Kummer und Sorgen angefüllt ist, vielleicht auch mit Lieblosigkeit und unerfüllter Sehnsucht, dann kann melodische Musik hier heilend wirken. Die Umgebung wird beruhigt, geglättet und harmonisiert. Und dein Herz heilt gleich mit.

Zimmerpflanzen – die liebevollen Mitbewohner

Vereinzelt gibt es Menschen, in deren Wohnung sich nicht eine einzige Pflanze findet, auch keine Nachbildung aus Kunststoff. »Keine Zeit zum Gießen« – »häufig verreist« – »unregelmäßige Lebensweise«, so lauten die Erklärungsversuche. Gut, vielleicht braucht nicht jeder die Gesellschaft des lebendigen Grüns. Doch meist deutet eine pflanzenlose Wohnung auf eine große Entfremdung des Bewohners von der Natur hin. Schließlich sind unsere Zimmerpflanzen eine Erinnerung an die naturgemäße enge Lebensgemeinschaft zwischen Natur und Mensch. Mit ihnen holen wir ein Stück Natur ins Haus. Wer auf echte Pflanzen verzichten will, aus welchen Gründen auch immer, kann jedoch Bilder mit Blumen und Bäumen aufhängen – auch diese haben ihre Wirkung.

Wie alle Naturwesen wollen auch die Pflanzen gern unsere Freunde sein. Die Sorten reichen von pflegeleicht bis kompliziert. Durchaus haben sie ihre Vorlieben und Eigenheiten, auf die man im Zusammenleben mit ihnen Rücksicht nehmen sollte. Unaufdringlich und leise sind sie alle, selbst aber durchaus lärmempfindlich. Natürlich wollen sie gut behandelt werden, wie alle Lebewesen. Wir können ihnen gern etwas Gutes tun. Denn umgekehrt tun sie auch viel für uns. Sie schenken uns so viel Energie, unsere Zimmerpflanzen!

Abgesehen von ihrer dekorativen Wirkung strahlen die Pflanzen eine große Menge Lebensenergie auf uns ab. Voraussetzung ist, dass sie gesund sind und immer gut gepflegt werden. Braune, welke Blätter, ein verwahrloster Wuchs, eine Wurzel- oder Blätterkrankheit beeinträchtigen nicht nur die Pflanze selbst und ihr Aussehen, sondern auch ihre Wirksamkeit. Aurasichtige Menschen bestätigen, dass gesunde Pflanzen eine kräftige Aura ausstrahlen, kränkelnde Pflanzen dagegen nur mit einer mickrigen, dünnen Auraschicht umgeben sind.

Gesunde Pflanzen reinigen die Atmosphäre, sie schützen und unterstützen uns. Sie alle haben ihre besonderen Fähigkeiten und Aufgaben. Natürlich unterscheiden sie sich nicht nur äußerlich voneinander, sondern auch in ihrer Wirkung. Bei den essbaren Pflanzen, den Kräutern, ist uns geläufig, dass sie unterschiedlich riechen und schmecken und ganz verschieden wirken. Genauso spezialisiert lassen sich auch die Zimmerpflanzen einsetzen. Ihre vorrangige Farbe ist Grün. Dies ist die Farbe des Herzchakras, die Farbe für Lebenskraft. Das ist es, was uns gesunde Pflanzen in höchstem Maße vermitteln. Blühen die Pflanzen, erhöht sich damit ihre Ausstrahlung in Richtung Lebensfreude. Bunte Blüten machen munter und fröhlich.

Zimmerpflanzen mit runden, weichen Blättern wirken von Natur aus lieblich und sanft. Sie tragen eine Menge zum Aufbau der Harmonie in einem Raum bei. Üppige Pflanzen können allzu bescheidene Gemüter aus ihrer Reserve locken, zarte Blümchen in einem Draufgänger die liebevolle, demütige Seite öffnen.

Pflanzen mit extrem spitzen Blättern, genauso wie Kakteen, sollten gerade Menschen, die sich nach Freundschaft, Nähe und Schutz sehnen, mit Vorsicht oder gar nicht einsetzen, weil die Spitzen dieser Pflanzen auf große Angriffslust hindeuten. Eher träge Gemüter, die ein wenig Anreiz gut vertragen können, dürfen sie aber durchaus verwenden. Ferner sind die spitzen Zeitgenossen im Arbeitsbereich möglich, denn hier soll man ja angestachelt werden zu neuen Taten und nicht einschlafen. Auch für sehr sanfte, weiche Naturen sind sie von Vorteil, denn sie helfen, Böses abzuwehren. Wer allzu sensibel ist, kann sich mit Kakteen sogar einen regelrechten Schutzpanzer aufbauen und diese Pflanzen quasi damit beauftragen, angriffslustige Pfeile an seiner statt aufzufangen und in harmonische Energie umzuwandeln. Ein ausreichender Abstand empfiehlt sich dennoch, um nicht den gegenteiligen Effekt zu erreichen, nämlich durch die enge Nachbarschaft mit der Stachelpflanze selbst stachelig und aggressiv zu werden. Auch sollte man sie keinesfalls in der Nähe des Sofas oder gar des Bettes aufstellen, um nicht selbst in den Angriffsbereich zu fallen. Aber: Von lieb gewonnenen grünen Mitbewohnern muss sich keiner verabschieden, selbst wenn sie den Regeln scheinbar widersprechen. Pflanzen haben ein feines Gespür und werden auch trotz spitzer Blätter ihrem Pfleger keinen Schaden zufügen, wenn die Beziehung zueinander eng und gut ist.

Vielen Pflanzen ist eine besondere Kraft zu eigen. In Asien wird vor allem der Zimmerbambus als Pflanze mit hoher Energie angesehen. Er soll die Kreativität und die Durchsetzungskraft anregen. Dem Geldbaum (eine Pflanze mit dicken, fleischigen Blättern) wird nachgesagt, dass er tatsächlich den Geldfluss in Gang zu bringen vermag. Ein Orangen- oder Zitronenbäumchen verbreitet Heiterkeit und Lebenslust. Ihr Duft wirkt anregend, die bunten Früchte erfreuen Auge und Seele.

Unendlich gerühmt von Dichtern und Malern aller Zeiten ist die Bedeutung der blühenden Rose. Sie ist das Symbol der Liebe und wirkt mit ihrer sanften, reinen Schwingung direkt auf das Herz. Der persische Dichter Ruzbihan Baqli schrieb im 13. Jahrhundert:

»Die rote Rose ist ein Teil des göttlichen Glanzes;
jeder, der einen Blick auf diesen Glanz Gottes werfen will,
sollte eine rote Rose anschauen.«

Wie wunderbar, dass es Rosenstöckchen längst auch als Topfpflanze gibt und sie so auch im Haus ihre wohltuende Wirkung entfalten können.

Blühende Orchideen stärken die Lust und das erotische Empfinden. Vielleicht wegen ihres exotischen und überaus prächtigen Aussehens stehen sie zudem für Reichtum und Macht.

Palmen gelten allgemein als Symbol für Frieden und Wohlstand. Ihre ganz eigene Art, auffallend und stolz in der Welt zu stehen, vermitteln sie auch an ihre menschlichen Mitbewohner weiter. Bergpalmen fördern das Selbstwertgefühl, Kokospalmen schenken insbesondere enttäuschten, traurigen Menschen neue Kraft.

Vor Verunreinigungen durch Wohngifte schützen ganz ausgezeichnet die Grünlilien. Für eine gute Reinigungswirkung und einen Schadstoffabbau sind außerdem der Schwertfarn und die Bergpalme bekannt. Diese »Reiniger« kümmern sich aber nicht nur um die tatsächlichen Gifte, sie sind zudem in der Lage, die Atmosphäre auch von negativen Gedanken und Gefühlen zu reinigen. Auch die Birkenfeige kümmert sich um die Schadstoffe. Sie wirkt allerdings so lebhaft, dass sich nervöse Naturen in ihrer Nähe nicht mehr gut konzentrieren können. Passive Gemüter dagegen fühlen sich positiv von ihr angeregt.

Wenn du vor der Wahl stehst, welche Pflanze am besten zu dir passt, ist es natürlich vor allem wichtig, ob sie dir gefällt. Das sollte auch dein vorrangiges Auswahlkriterium sein. Dabei handelt es sich, genau wie bei Freundschaften unter Menschen auch, um eine persönliche Sympathie oder Ablehnung, die entscheidend dafür ist, wie man miteinander zurechtkommt. So kann es sein, dass jemandem gerade ein kompliziertes, übersensibles Pflänzchen ans Herz gewachsen ist und er deshalb bereit ist, die anspruchsvolle Pflege auf sich zu nehmen.

Wer sich mit Pflanzen umgibt, tut sich viel Gutes, seinen Lungen und der Luft in seiner Wohnung. Und er leistet einen, wenn auch winzigen Beitrag, sich um ein Stück Gesundheit auf der Erde zu kümmern.

Zauberhafter Garten – eine Oase der Sinne

Mutter Natur können wir überall begegnen: in Wiesen und Wäldern, im Park, und selbst die Blume auf der Fensterbank erinnert uns daran. Doch die Gestaltung der Natur selbst in die Hand zu nehmen, das ist nur im eigenen Garten möglich. Dieses Stück Land können wir nach eigenen Vorstellungen bepflanzen und gestalten.

Ein Nutzgarten lässt sich daraus machen, ein Ziergarten oder eine große Spielwiese – dem einen gefällt eben das Säen und Ernten, dem nächsten das Schauen, dem dritten das Spielen. Doch in jedem Fall gilt: Das große Geschenk der Natur an uns ist die Erholung. Dafür müssen wir gar nicht viel tun. Nur schauen und erkennen. Und Freude und Dank an die Natur zurückströmen lassen. Unsere Aufmerksamkeit ist das kleine Geschenk, das wir der Natur für ihr tägliches Wunder zurückgeben können.

Sowieso ist es das Ziel vieler Menschen, ein paar Quadratmeter Garten zu besitzen oder zumindest eine Terrasse oder einen großen Balkon an der Wohnung zu haben. Hinausgehen können und die Natur am Haus haben – eine herrliche Vorstellung. Grün soll es sein im Garten, blühen soll er, und Früchte soll er uns schenken. Wir wollen uns darin bewegen, wollen spielen, lesen, faulenzen und feiern. Vor allem aber wollen wir mit der Natur in Verbindung treten, wollen mit Blumen, Büschen und Bäumen zu tun haben und mit Steinen und Erde. Der Garten soll eine Oase der Erholung für uns Menschen sein, aber auch ein Paradies für Pflanzen und Tiere, insbesondere für Insekten, Schmetterlinge und Vögel.

Unsere fünf Sinne sollen im Garten angesprochen werden, das Sehen, Hören, Riechen, Schmecken und Fühlen. Ein bisschen geschieht das ja automatisch, aber es lässt sich gewaltig verstärken. Schaffen wir uns eine Umgebung, in der unsere fünf Sinne angesprochen werden, können wir uns noch stärker verwurzeln und in der Gegenwart leben. Wir neigen dann nicht mehr so stark dazu, abzudriften, uns Sorgen über die Zukunft zu machen, über Fehler nachzugrübeln oder uns in eine längst verflossene gute alte Zeit hineinzuträumen. Denn damit leben wir ja nicht hier und heute, sondern schneiden uns selbst von einer wichtigen Kraftquelle ab. Die fünf Sinne anzuregen, erhöht die Lebensfreude ungemein. Es macht lebendig, vital und fröhlich.

Öffne deine Sinne! Jedem liegt etwas anderes, jeder spricht auf etwas anderes an. Der eine mag lieber einen Stein in der Hand halten, der andere reagiert stärker mit dem Geruchssinn, wieder ein anderer zieht Töne und Klänge vor. Probiere es einfach aus. Es spricht nichts dagegen, sich mit all diesen schönen Dingen und Techniken auseinanderzusetzen – schließlich haben wir ja auch alle Sinne mitbekommen und müssen uns nicht entscheiden zwischen Sehen, Riechen, Schmecken, Hören oder Fühlen.

Sehen

Die Augen haben in der Regel gut zu tun. Unsere Welt ist eine visuelle geworden. Vieles, vielleicht zu vieles, wird nach Äußerlichkeiten beurteilt. Und doch sollte es, gerade im Garten, Pflanzen geben, die durch ihre Form und Farbe die Augen erfreuen. Ein kraftvoller Baum, ein blühender Strauch, leuchtende Früchte, Ziergräser, Blumen und außergewöhnliche Steine, die den Blick auf sich ziehen – die Auswahl kennt hier keine Grenzen.

Ziehe bewusst mit den Augen die Form einer Blüte nach, wandere die zackige Linie eines Blattes entlang, oder versenke dich, ohne auf Details zu achten, in ein grünes Blätterdach, und entspanne dabei deine Augen. Ist das äußere Sehen erst einmal trainiert, entwickelt sich der Sinn für das innere Sehen. Du lernst, (innere) Schönheit von Hässlichkeit zu unterscheiden, lernst, reine Absichten von bösen abzugrenzen. Du lässt dich vom Schein nicht mehr täuschen. Die Schönheit der Natur lehrt dich, die Schönheit in allen Wesen zu erkennen.

Riechen

Duftende Blumen und Kräuter sind eine Wohltat für die Nase und damit unseren Geruchssinn. Wer sich ein wenig damit beschäftigt, wird herausfinden, dass bestimmte Pflanzen ihre bevorzugten Zeiten haben, wann sie ihren Duft verströmen. Besonders intensiv riecht ein Garten während der Dämmerung – vielleicht vergleichbar mit dem Herbst, in dem die Farben noch intensiver glühen. Es gibt aber auch Pflanzen, die nachts unbeschreibliche Duftwolken aussenden. Ein Heer von Dichtern hat sich dessen angenommen! Mal abgesehen von den lieblichen oder schweren und süßen Blumendüften gibt es auch noch die »gesund« riechenden Kräuter, die stechenden Gerüche oder sogar stinkende Pflanzen. Oder denke nur an den Geruch der Erde selbst oder den feucht dampfenden Duft nach einem Sommerregen! Es ist ein bereicherndes Erlebnis, all diese unterschiedlichen Noten wahrzunehmen.

Forscher sagen, dass bei der Entscheidung, ob wir jemanden mögen oder nicht, der Geruch eine entscheidende Rolle spielt. Eine etwaige unbewusste Ablehnung oder Attraktivität wird dir deutlich gemacht, wenn du deinen Geruchssinn schulst. Durch tiefes Atmen kannst du dies lernen. Schöner Nebeneffekt: Du atmest dabei Giftstoffe aus, frische Luft ein – und bekommst mit der Zeit selbst einen frischeren Eigengeruch. Das wiederum könnte deine Attraktivität enorm steigern.

Schmecken

Der Geschmackssinn macht viel Freude, werden doch damit in der Hauptsache die essbaren Früchte der Erde verbunden. Wunderbar! Schon früh im Jahr bringt ein Garten Kräuter hervor, im Mai folgen die Radieschen, dann die Beeren im Juni, der Salat im Juli, die Tomaten im August, schließlich die Äpfel, Birnen und Pflaumen im September und Oktober. Wer zu wenig Platz hat für Gemüse und Obst oder wem die Zeit zur Pflege fehlt, kann immerhin einige Kräuter pflanzen. Frischer Schnittlauch etwa gilt als wahrer Energiekatalysator!

Natürlich hilft es auch, wenn du ein paar Tropfen der jeweiligen Blüte einnimmst. Das kannst du ohne Bedenken tun. Doch schenke auch deinem Zuhause diese feinen Essenzen! Denn der Ort heilt mit.

Zum Schluss noch ein Tipp aus alter Zeit:
Die alten Römer hatten ein reiches Kräuterwissen. So sollen sie beim Bau ihrer Sanatorien und Lazarette Arnikatee in den Mörtel gemischt haben, damit die Wände die Information von Heilung ausstrahlten. Das kannst du auch tun. Mit einer Gabe Arnikatee oder Kamillentee im Mörtel oder in der Wandfarbe strahlt deine Umgebung »Heilung« aus. Grüner Tee fördert die Langlebigkeit, Zitrone die Fröhlichkeit, Rose steht für die Liebe, Holunder schützt und Lavendel schenkt Harmonie.
Werde kreativ. Du kannst Tees, Bachblüten, Raumsprays oder Duftöle daruntermischen. Dadurch verändert sich weder die Farbe deiner Wand noch der Duft. Es ist rein die energetische Wirkung, die du hier in homöopathischer Dosierung einbringst und die eben deshalb so intensiv zu spüren ist.

Die Unterscheidung zu dem »toten« Gemüse, das in Treibhäusern in einer Nährstofflösung, fern von Erde, Luft, Regen und Sonne, gezüchtet wird, fällt dir mit der Zeit leicht. Vielleicht kannst du nicht immer darauf verzichten, auch dieses Gemüse zu kaufen, aber du kannst es lebendig machen und mit dem Geschmack der Natur verbinden – durch Zugabe deiner eigenen Kräuter.

Hören

Sprechen die Blumen? Kann man das Gras wachsen hören? Aber ja! Um Gräser und Blumen zu verstehen, braucht es wohl einige Übung. Was aber jeder hören kann, ist das Rauschen der Blätter. Wie unterschiedlich tönt es, ob man dem Wind unter einem Nadelbaum lauscht oder unter einem Laubbaum! Und es klingt nochmals anders, wenn der Wind über eine Wiese streicht. Wer noch mehr für die Freude seiner Ohren tun möchte, kann sich auch Tiere in seinen Garten holen. Einheimische Pflanzen etwa sind sehr beliebt bei den Insekten – und die wiederum bei den Vögeln. Schaffe Brutplätze, indem du Hecken hoch wachsen lässt oder einen Starenkasten aufstellst. Lasse das Gras wachsen, um Grillen ein Versteck zu bieten. Oder lege einen Teich an, der Frösche einlädt. Wer sein Gehör gut entwickelt hat, lernt ganz nebenbei auch besser, nach innen zu lauschen und die innere Stimme zu hören. Eingebungen hat man ja oft: »Tu das, unterlass jenes, sag dies, behalte das für dich.« Vielleicht erinnerst du dich erst im Nachhinein daran – wenn du wieder mal nicht darauf gehört hast. Schneller wirst du auf diese inneren Sätze reagieren, wenn du deinen Hörsinn aktivierst. Im Garten geht das fast nebenbei.

Fühlen

Weißt du eigentlich, wie sich Pflanzen anfühlen? Fasse sie ruhig einmal an! Und zwar nicht nur, wenn du sie abpflücken oder zurückschneiden willst. Streiche über die Blätter, über die Rinde und ganz vorsichtig auch mal über die Blüten. Fasse Moos an und Steine. Fühlst du den Unterschied? Kühl und glatt, weich und samtig, stachelig und hart. Mache dabei ruhig die Augen zu, wenn du die verschiedenen Oberflächen erfühlst. So übst du, mit den Händen wahrzunehmen und die energetischen Unterschiede zu erfühlen.

Das Training der fünf Sinne wird dir in vielen Lebenslagen helfen – beim Kauf von Lebensmitteln und Kosmetik, bei der Auswahl von Schmuck

und Kleidung, bei der Einrichtung deines Hauses. Was tut mir gut, was braucht mein Körper wirklich, wonach sehnt sich meine Seele? Du musst dich dann nicht mehr nach Tabellen und Umfragen richten oder der Werbung vertrauen, sondern kannst dich felsenfest auf dein Gefühl verlassen: Du spürst, was dir guttut und was nicht. Du wirst unabhängiger und selbstbewusster.

Das sinnliche Erleben gehört zum Menschsein dazu. Indem wir lernen, uns wieder auf unsere Sinne zu verlassen, bauen wir einen innigeren Kontakt zur Natur auf. Wir werden sozusagen wieder mehr zu Naturwesen. Das macht es uns auch leichter, andere Naturwesen wahrzunehmen. Wie geht es dir damit? Pflegst du einen guten Kontakt zu Naturgeistern? Glaubst du an die Existenz von Elfen und Feen, von Zwergen und Nixen? Und wie ist es mit Pflanzengeistern?
Dass es Wesen gibt, die nicht sichtbar sind, bezweifeln eigentlich die wenigsten. Welcher Art diese Wesen sind, darüber herrscht allerdings Uneinigkeit. Bevor du dich jetzt mit wissenschaftlichen Erklärungsversuchen verkünstelst oder in spekulative Gefilde abdriftest: Für das Gedeihen deines Gartens ist es nicht wichtig, ob das Vorhandensein dieser Wesen beweisbar ist oder nicht.
Vielleicht gibt es Undinen und Nixen, Zwerge und Trolle, Sylphen und Feen und all die anderen Wesen wirklich, und sie waren, wie die Märchen erzählen, in alter Zeit noch für die Menschen sichtbar. Vielleicht

entstehen sie auch erst dadurch, dass wir an sie glauben. Vielleicht wurden sie von kreativen Menschen als Sinnbilder ersonnen, um die doch so abstrakten Elemente Feuer, Erde, Luft und Wasser zugänglicher und begreifbarer zu machen, vielleicht aber verkörpern sie tatsächlich die Elementarkräfte. Die Art dieser Wesenheiten mag aus der Fantasie der Menschen kommen – oder auch nicht. Lasse dennoch den Gedanken zu, dass es sich dabei um ganz bestimmte Energieformen handeln könnte, die sich den Menschen so zeigen, wie diese es verstehen können.

Stelle dir die Naturgeister einfach in deiner Fantasie vor! In früheren Zeiten waren die Naturgeister auch bei uns ganz selbstverständlich in den Alltag eingebunden. Da wurde ein Kräuterbündel zum Schutz gegen böse Geister an die Tür gehängt, es wurde eine Kerze ins Fenster gestellt, um die zerstörerischen Feuergeister bei Gewitter fernzuhalten, eine Schale Milch im Garten sollte die Feen erfreuen, und ein paar Münzen, in der Erde vergraben, sollten die Zwerge freundlich stimmen.
Unbestreitbar ist, dass es zuweilen Wirkungen gibt, die allein mit dem Verstand nicht zu erklären sind. Denke nur daran, wie gut es funktioniert, mit den Blumen zu sprechen. Die Essenz, die darin liegt, ist: Alles, dem wir unsere Aufmerksamkeit und Zuwendung schenken, gedeiht. Sind wir mit unseren Gedanken und Gefühlen bei dem, was wir gerade tun, ist das Ergebnis spürbar besser. Und da eine Zwiesprache immer leichter und selbstverständlicher vonstatten geht als ein Aussenden von Gedanken und Gefühlen an eine unbekannte Adresse, spricht doch nichts dagegen, sich Naturgeister genau so vorzustellen, wie wir sie von unserer Kindheit her kennen.
Gehe das Ganze spielerisch an! Denke gar nicht so viel über Sinn oder Unsinn nach. Tauche einfach ein in deine Kindermärchen und in das alte Wissen deiner Vorfahren, oder lasse dich mittragen von der Magie der Pflanzen selbst! Und glaube es, die Natur ist so unendlich wichtig für uns, dass wir ihr es durchaus zugestehen dürfen, dass sie ein Eigenleben hat.

Mit Zimmerpflanzen zu sprechen, ist für Pflanzenliebhaber eine Selbstverständlichkeit. Versuche es auch! Wende dich dazu direkt an die Pflanze. Oder stelle dir ein kleines Wesen vor, das im Blumentopf sein Zuhause hat. Doch was sagst du deinen Blumen eigentlich? Stellst du Fragen? Spürst du die Antworten? Braucht das Blümchen eine Ortsveränderung, mehr Licht, weniger Wasser, einen größeren Topf, einen anderen Dünger? Möchte es nicht neben dem Kaktus stehen, sondern lieber einen Verwandten neben sich haben?

Falls sich all diese Gedankenspiele für dich zu persönlich anhören, versuche es trotzdem mal. Die Pflanzen geben Antwort! Ganz leicht lässt sich diese Zwiesprache auf größere Pflanzen ausdehnen. Gehe in deinen Garten, nimm Kontakt zu deinem Hausbaum auf, zum Gemüsebeet oder zur Wiese. Es kann sehr erheiternd sein, vor allem, wenn du erstaunt feststellst, dass da tatsächlich ein Gedankenaustausch möglich ist.

Manche Häuser und Gärten wirken seelenlos, andere reich. Und das hat nichts mit der Gestaltung zu tun, denn die Geschmäcker sind nun mal grundverschieden, sondern alleine mit der Energie, die man hineingibt. Kennst du Findhorn? Die Menschen dieser ungewöhnlichen Gemeinschaft haben es geschafft, in der unwirtlichen, rauen Gegend im Norden Schottlands eine blühende Oase zu erschaffen. Und zwar nicht nur mit harter Arbeit – das haben andere auch schon probiert und nicht annähernd diese Erfolge erzielt –, sondern indem sie einen innigen Kontakt zu den Pflanzengeistern und Naturwesen aufgenommen haben. Lade auch du Naturwesen in deinen Garten ein!

Der Anfang ist ganz einfach gemacht, wenn du dich an den Namen der Pflanzen orientierst. Denke nur an die Trollblumen oder an das Salomonsiegel. Erinnere dich an die Pflanzen, die in Märchen vorkommen, wie Alraune oder Rapunzel. Grabe das Wissen um alte Heilpflanzen wieder aus. Gehe aufmerksam durch die Regale der Pflanzenhändler, und entdecke Gewächse, die etwas Magisches in ihrem Namen tragen. Wie Lilien mit dem vielsagenden Namen »Magic Pink«, Rosen, die »Fairy Tail« heißen oder Rittersporne mit den wohlklingenden Bezeichnungen »Lancelot« oder »Galahad«, Ritter der sagenumwobenen Tafelrunde. Lasse dich nicht davon abhalten, dass diese Blumen ja nicht schon seit Urzeiten so heißen, sondern von einem Züchter so benannt wurden. Auch darin kann eine Bedeutung liegen! Bleibe bei der spielerischen Variante, suche mit Lust und Liebe und Freude »deine« magischen Pflanzen aus. Immer mehr gewinnst du damit Zugang zu der alten Zauberwelt und wirst schließlich in jeder Blume, in jedem Strauch eine Besonderheit entdecken.

Einem alten Brauch zufolge lässt man einen Teil des Gartens verwildern, um Kleintieren Schlupflöcher zu gewähren. Genauso kannst du einen Teil deines Gartens für Naturgeister reservieren – für sie ein Rondell gestalten, eine Spirale oder einen Stern.

Schmücke einen Platz im Garten mit Symbolen der Elementarwesen, die du anziehen willst: Ausgesuchte Steine für die Erdgeister, wenn du Beständigkeit und Treue fördern willst und wenn deine Arbeit reiche Früchte tragen soll. Bewegliche Teile wie Windräder und Fähnchen gefallen den Luftwesen, die für Beweglichkeit, Lust an Veränderungen und Freude am Lernen stehen. Seerosen, eine Schale Wasser oder ein Brunnen ziehen die Wassergeister an, die für eine starke und intensive Gefühlswelt zuständig sind. Eine Feuerstelle, Laternen oder Fackeln laden die Feuergeister ein, die Erkenntnis und Mut schenken und die Begeisterung frisch halten.

Setze dich dann in Ruhe zu deinem besonderen Platz. Öffne dein Herz und deine Sinne, lausche. Nun sprich die Naturwesen an, genauso einfach und natürlich, wie du mit Blumen redest. Danke ihnen, stelle Fragen, oder sende eine Bitte aus.

Erlebe die Natur als beseelt. Gehe mit den Pflanzen und Elementen achtsam um, als wäre jeweils ein Hüter oder eine eigene Wesenheit darin. Auf jeden Fall regst du damit deine Fantasie an. Dies wiederum kann auch andere Lebensbereiche reicher und lebendiger machen und deinem gesamten Leben mehr Freude und Tiefe schenken.

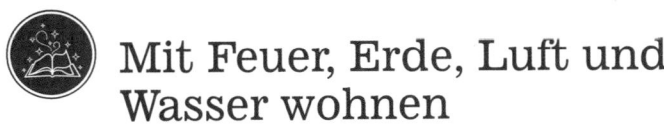

Mit Feuer, Erde, Luft und Wasser wohnen

Den Mond als Ratgeber für alle Gelegenheiten zu nutzen, ist für viele Menschen längst zur Selbstverständlichkeit geworden. Geht es um den richtigen Zeitpunkt zum Fensterputzen, zum Haareschneiden oder zum Blumengießen, genügt ein Blick in einen Mondkalender, und man weiß, was gerade ansteht. Nach dem Mond zu leben, vereinfacht die Alltagsplanung enorm. Vielleicht nicht im ersten Moment, weil man nicht mehr nach Gefühl putzt oder gießt, sondern nach vorgegebenen Terminen. Das mag anfangs wie eine Gängelung wirken. Im Laufe der Zeit aber bildet sich eine sehr gute Struktur heraus. Wer einmal festgestellt hat, dass bestimmte Tätigkeiten leichter von der Hand gehen, wenn der Mond unterstützend wirkt, wird sich nicht im Traum einfallen lassen, diese Arbeiten an anderen Tagen zu verrichten.

Nun ist der Mond zwar ein wesentlicher Faktor, wenn es um die alltäglichen Dinge geht – aber er ist nicht der einzige. Auch die Sonne spielt eine wesentliche Rolle. Insbesondere für größere Vorhaben kann sie sehr kreativ mit einbezogen werden. Sie ist es doch, die den Verlauf und die Intensität der Jahreszeiten beeinflusst, die die Natur im Frühling zum Blühen bringt und im Sommer zum Reifen, die im Herbst die Früchte ernten lässt und im Winter eine Ruhepause verordnet. Dies ist der Rhythmus, der den Verhältnissen in unseren Breiten entspricht und sich daher bewährt hat. Unser modernes Leben jedoch zwingt uns einen anderen Zeitplan auf. Das ganze Jahr über wird gleichbleibende Leistung gefordert. Das strengt an. Um sich wieder auf diesen wohltuenden Rhythmus des Jahreskreises einzustellen, ist es eine schöne Übung, sich bewusst mit der Sonnenkraft zu verbinden. Hierbei gilt es, die aktuelle Prägung wahrzunehmen und zu betonen. Den Lauf der Sonne in die Lebensplanung mit einzubeziehen, ist eine echte Bereicherung.

In jedem Monat ändert sich das Element, mit dem die Sonne auf uns einstrahlt. Zum Frühlingsbeginn ist sie vom Element Feuer geprägt, dann vom Element Erde, anschließend von der Luft und schließlich vom Wasser. Dieser Zyklus wiederholt sich dreimal im Laufe eines Jahres. Je nachdem, in welchem Element die Sonne steht, ändert sich die Zeitqualität. Da gibt es kein »falsch« oder »richtig«. Es ist nur anders. Die Sichtweise auf Schönheit und Harmonie, auf Verpflichtungen und Notwendigkeiten, auf Entspannung und Wohlbefinden verändert sich somit im Jahresverlauf. Gehe mit diesem neuen Bewusstsein an die Gestaltung deines Zuhauses heran. Dekoriere den Jahreszeiten gemäß – das bezieht sich nicht nur auf die aktuellen Pflanzen wie Tulpen im Frühling und ein Erntekranz im Herbst. Das bezieht sich auf die Energie, die dahintersteht. Damit erst erreichst du die Tiefe, nach der die Seele sich eigentlich sehnt, wenn sie in dir den Wunsch nach Dekoration und Gestaltung wach werden lässt.

Die Sonnenkräfte verändern sich also mit den Elementen. Im Element Feuer regen sie unseren Tatendrang an und stärken die Unternehmungslust. Das sind genau die Energien, die wir brauchen, wenn wir anstrengende Aktionen planen, sei es im beruflichen und im sportlichen Bereich oder auch im häuslichen Umfeld. Gerade bei Haus- und Wohnungsrenovierungen lässt sich die Kraft der Sonne ganz wunderbar nutzen. Denn wie schwer fällt es, sich vom Sofa wegzubewegen, wenn die Energie fehlt. Und wie federleicht geht alles von der Hand, wenn eine starke Unternehmungslust mithilft! Die Sonne macht vital. Lege die Termine deiner nächsten Aktivitäten auf eine Feuer-Sonnen-Phase. Du wirst dich wundern, wie leicht dir nun alles von der Hand geht. Und selbst wenn du zwei linke Hände hast und praktische Arbeiten einfach gar nicht dein Ding sind: In Zeiten mit einer günstigen Sonne bringst du zumindest so viel Interesse für dein Zuhause auf, dass du dich erfolgreich auf die Suche nach einem guten Handwerker oder Heimwerker machen kannst. Und wenn es ein netter Nachbar oder ein alter Freund ist, der dir die Arbeit abnimmt. Der Anstoß dazu muss von dir ausgehen – und diese Antriebskraft kann die Sonne durchaus fördern. Die Sonne mit dem Element Feuer ist also bestens geeignet für die kraftraubenden Arbeiten. Das Element Erde gibt Energie für die Detailarbeit. Mit dem Element Luft fällt das Denken, Lernen und Planen leichter. Und schließlich kommt die Zeit des Elements Wasser, in der es gilt, Ideen zu kreieren und Fantasien zuzulassen.

Die Feuer-Sonne: Zeit für Aktivitäten

Mit dem Element Feuer zusammen wirkt die Sonne ungeheuer anregend. Der Tatendrang ist gewaltig. Ideen wollen umgesetzt werden. Jetzt gilt es: Kaufe dir Farbe und Pinsel, und male deine Fantasien an die Wand. Stelle die Möbel um, drapiere Stoffe an den Fenstern oder über Tische und Sofas. Dekoriere nach Herzenslust. Besorge dir Spaten und Heckenschere, und mache aus deinem Garten ein Wunderwerk der Natur. In Zeiten mit der Feuerzeichen-Sonne wird es dir doppelt so viel Spaß machen, denn sie macht auch aus schläfrigen, gemütlichen Typen echte »Macher«. Aktivitäten aller Art machen richtig Laune mit der Feuer-Sonne – im April, im August und im Dezember.

Wird die Sonne vom Element Feuer geprägt, ist der Drang nach Aktivitäten im eigenen Umfeld besonders groß. Auch wenn man monatelang zu müde oder zu abgelenkt war, um sich um die Gestaltung im Haus zu kümmern. Jetzt ist die Zeit der Veränderungen da. Die Sonne weckt die Tatkraft, sie schenkt die Energie, die wir brauchen, um Ideen in die Tat umzusetzen. Passen die Farben noch? Ist man mit Möbeln und Stoffen zufrieden? Soll etwas umgestellt werden? Während der Zeiten der Feuer-Sonne wird entschieden angepackt. Günstig ist es, schon im Vorfeld die Richtung festzulegen und die Pläne auszudiskutieren. Ist die Feuer-Sonne dann da, kannst du die ganze Kraft, die sie hier freisetzt, dazu verwenden, die Ideen zu verwirklichen.

Wenn du dich von der Feuer-Sonne besonders angesprochen fühlst, nimm diese Monate zum Anlass, ihre speziellen Qualitäten zu verinnerlichen und sie bei dir zu Hause auszuleben. Intensivieren lässt sich der Bezug zu diesem wichtigen Element, das uns Mut gibt und den Unternehmungsgeist fördert, durch das Feuer selbst. Ohne Feuer können wir einfach nicht sein. Feuer, das ist Wärme, das ist Sonne, das ist Leben. Das heißt: Zünde bewusst zum Einstieg in diese besondere Feuer-Zeit eine Kerze an, ein Meer aus Kerzen, ein Kaminfeuer, ein Lagerfeuer – je nach Möglichkeit und Jahreszeit. Wenn du das Element Feuer in seiner Reinform kennst, kannst du es mit anderen Symbolen verstärken. Bevorzuge alles, was bunt und kreativ wirkt. Lasse deinen Ordnungssinn ruhig einmal schleifen.

Wenn du dich gerade jetzt neu einrichtest: Sei großzügig in der Auswahl der Möbel. Lasse jedem Stück viel Platz zum Wirken. Wenn du wenig Raum hast, entscheide dich lieber für zwei ausladende Sessel als für eine dicht gedrängte Sitzgruppe. Wenn du viel Raum hast, gestalte eine ganze Sitzlandschaft. Vielleicht in Rot? In Orange? In Königsblau? Traue dich an starke Farben heran. Wenn nicht in den Möbelstücken, dann in Teppich oder Wandfarbe. Der große Wurf darf und soll in diesen Zeiten gelingen. Dekoriere opulent und verschwenderisch. Ja, es darf etwas mehr sein! Die Tische dürfen sich biegen! Üppigkeit ist gefragt bei der Feuer-Sonne. Spare nicht an Blumen und Obst. Verwende plakative Farben. Das gilt im Haus genauso wie im Garten.

Im Garten lassen sich Sonnenblumen, Margeriten und Mohnblumen mischen oder große Rosenbüsche mit prächtigen Blüten. Pflanze, was bunt und üppig blüht. Pflanze auch ein Gewächs, dessen Früchte du essen kannst. Die Früchte einer Pflanze gehören nämlich dem Element Feuer an. Zumindest einen Baum, einen Strauch oder eine Gemüsesorte, deren Früchte du ernten kannst, solltest du dir also gönnen. Selbst wenn das dann nur ein einziges Mal im Jahr der Fall ist – wenn du diese Frucht pflückst und dankbar als Geschenk der Natur annimmst, erweist du dem Element Feuer Ehre, und damit der gesamten Natur. Lade das Element Feuer auch ganz direkt in deinen Garten ein. Das heißt: Schaffe einen Sonnenplatz, einen Platz, den die Sonne von morgens bis abends bestrahlen und erwärmen kann. Vielleicht kannst du dazu eine richtige Feuerstelle bauen. Diese sollte den Lagerfeuern unserer Ahnen ähneln und eine gesellige Runde ums Feuer ermöglichen. Setze dich an dein Feuer, schaue in die Flammen. Nimm deren Hitze, deren Kraft und deren Mut tief in dich auf. Stelle dir vor, wie die Hitze dich durchflutet, wie dein ganzer Körper von Wärme und Freude erfüllt wird, wie du Lust zum Tun bekommst. Danke dem Feuer, dass es deine Tatkraft weckt, dass es dir Licht gibt und dass es dich wärmt.

Die Erde-Sonne: Zeit für Details

Jetzt wird es gemütlicher! Die groben Arbeiten sind in der Zeit der Feuer-Sonne geschafft. Bleibt dann noch etwas übrig, was ausgefeilt oder verfeinert werden muss, kommt die Sonne mit dem Element Erde gerade richtig. Passenderweise geschieht das immer im Anschluss an die Feuer-Sonne – also im Mai, im September und im Januar.

Die Erde-Sonne fördert das handwerkliche Geschick, ja sie weckt erst die Freude am Handwerk. Da werden selbst doppelte Linkshänder zu vergnügten Bastlern. Was in der Feuer-Zeit angerissen wurde, wird in der Erde-Zeit fein ausgearbeitet. Details können vertieft werden. Die groben Arbeiten sind vorbei. Jetzt werden auch die Lücken im Boden bepflanzt und Verzierungen im Haus angebracht. Und: Schon lässt sich auch ein Konzept für die nächsten Wochen machen. Eine Erde-Sonne hat alles im Griff.
Qualität ist immer wichtig. Denn im eigenen Zuhause lässt sich jetzt das Glück finden. Hier sieht man die Erfüllung. Man wünscht sich Sicherheit. Man möchte Wurzeln schlagen. Man will sich wohlfühlen. Und jeder Funken an Energie, den man in diese Wünsche investiert, trägt reichen Lohn. Wichtig ist in den Phasen, in denen die Sonne vom Element Erde geprägt wird: Die Arrangements sollten übersichtlich sein und einen Nutzen bringen. Sinnlosigkeit und Verwirrung gibt es schließlich schon genug. Und gerade das Element Erde ist wie gemacht dazu, um Klarheit ins Leben zu bringen. Die Schönheit geht dennoch nicht unter.

Wenn dir das Konzept der Erde-Sonne entspricht, kannst du dir in diesen Zeiten Gestaltungsideen für das ganze Jahr holen. Ein Gefäß mit Sand, dazu Steine, die du in der Natur gefunden hast, wird dich zu Hause an die Kraft der Erde erinnern. Auch Terrakottagefäße und Würfel sind ge-

eignete Symbole, um das Erd-Element zu stärken. Umgib dich damit! Man entwickelt einen Blick für die kleinen Dinge, für die auf den ersten Blick unscheinbaren Gaben. Ein Gesteck aus Vergissmeinnicht und Frauenmantel kann ganz bezaubernd wirken, genauso ein Strauß aus Ähren oder einfachen Wiesenblumen. Im Winter können es Tannenzweige sein, die das Zuhause mit schönem Grün und mit würzigem Duft erfreuen. Immer reichen bei einer Erde-Sonne wenige und einfache Zutaten, um etwas Schönes zu gestalten – mit einem kleinen Nützlichkeitsaspekt im Hintergrund.

Wunderbar ist es, mit Erdfarben zu gestalten. Sie verbreiten im Haus die Atmosphäre von der Geborgenheit der Natur. Dazu passt gut ein helles Grasgrün, das je nach Geschmack etwas sanfter oder intensiver sein darf – als Teppich oder Wandfarbe ein echter Hingucker.

Wer sich jetzt neu einrichtet, wählt gern Möbelstücke, die gut gearbeitet sind, aber nicht übermäßig verziert. Verspielte Elemente weichen einem praktischen Design. Die Gestaltung wird insgesamt dezenter mit der Sonne in einem Erdzeichen, sparsamer und bescheidener. Dafür wird mehr Augenmerk auf das Nützliche gelegt.

Im Garten bevorzugt man Kräuter vor Blumen. Die Wurzeln sind der Teil der Pflanzen, der direkten Kontakt mit der Erde hat, wegen ihrer Festigkeit gehören auch die Baumstämme zum Element Erde. Gerade wer viel Zeit in geschlossenen Räumen verbringt und zu viel geistig arbeitet, dem mangelt es häufig an Erdung. Nutze die Erde in deinem Garten! Vielleicht gibt es hier einen großen Baum, an dessen Stamm du dich anlehnen kannst, den du umarmen kannst. Stelle dir dabei vor, dass deine Wurzeln bis weit in die Erde hineinragen. Lasse dich von den Wurzeln deines Baumes mittragen in den Schoß der Erde.
Und noch weiter lässt sich der Kontakt zur Erde ausbauen. Denke nur an die Steine, die die Erde »bewohnen«. Suche Steine, die in deinem Garten »wachsen«. Kreisförmig ausgelegt, als Spirale oder als Labyrinth, machen sie den Bezug zur erdbetonten Sonne noch deutlicher. Stelle dich immer wieder in deinen eigenen »Steinkreis«, und lasse dich an die Urkraft der Erde erinnern. Spüre, wie wohltuend sicher es sich anfühlt, auf festem Boden zu stehen. Stehe gerade und stabil, mit bloßen Fußsohlen auf der Erde. Danke der Erde, dass sie dich trägt.

Die Luft-Sonne: Zeit zum Planen

Während die Sonne vom Element Luft geprägt ist, solltest du auf die Suche nach Wissen gehen. Es ist Zeit zum Lesen und Lernen. Das gilt auch für alles, was mit Haus und Garten zu tun hat. Die Neugier und Wissbegierde dieser besonderen Sonnenkraft lässt dich viel Wichtiges entdecken. Es wird dir Spaß machen, dich mit anderen Menschen auszutauschen und deine Kenntnisse zu vertiefen.

Quäle dich jetzt nicht mit handwerklichen Tätigkeiten, die empfindest du als viel zu anstrengend. Besuche in diesen Phasen lieber Kurse, lies Bücher, suche im Internet und vor allem: Sprich mit anderen! Du wirst Neues erfahren, etwa im Bereich von Feng-Shui oder über die Wirkung von Farben und Formen. Oder gehe auf Kräuterwanderung, und lerne Nutzpflanzen, Wildpflanzen und Heilkräuter kennen. Das Wissen, das du jetzt locker aufnimmst, kannst du später genauso locker umsetzen. Die Zeit dafür ist im Juni, im Oktober und im Februar.

In den Monaten mit der Sonne im Element Luft fällt es besonders leicht, diese Energie im eigenen Zuhause umzusetzen. Es ist ein guter Anfang, ganz bewusst die Türen und Fenster aufzureißen und die Luft einzuladen, die eigenen Räume durchzupusten. Eine andere Möglichkeit sind Klänge, denn die werden von der Luft transportiert. Als Symbol für das Element Luft kannst du daher in deinem Zuhause gern ein Klangspiel nehmen. Auch alle beweglichen Dinge, mit denen der Wind spielen kann und die dabei klingeln oder rascheln, erinnern an das Element Luft.

Wer sich jetzt neu einrichtet, sollte wissen: Leichtigkeit und Eleganz haben bei der Wahl der Möbel Vorrang. Weg mit wuchtigen Schränken und Polstermöbeln! Ein Korbsessel und ein Regal drücken weniger, was sich letztlich auch im Gemüt widerspiegelt. Auch die Farbgestaltung wirkt leicht. Helle Farben und Pastelltöne sind Trumpf, wie Rosé, Hellgrau oder Hellgelb. Lediglich das Blau kann etwas intensiver werden, etwa in der Tönung eines schönen Sommerhimmels. Auch eine Umgebung ganz in Weiß und Creme ist denkbar.

Nie werden Blumen vergessen. Sie werden schön dekoriert in Vasen oder auch als Gemälde oder Borte an die Wand gemalt. Meist sind es leichte, filigrane Pflanzen und Ranken. Die Luft-Sonne liebt aber auch, was anderen gefällt. Das heißt, Modetrends wird man unter dieser Sonne gern mitmachen. Bei der Luft-Sonne kommt es durchaus darauf an, was »in« ist oder es bald werden wird. Es darf auch gern mal witzig sein, wie eine improvisierte Deko mit Zweigen und Papierservietten. Elegant ist es dennoch. Statt knallbunter und plakativer Farben werden feine Ton-in-Ton-Arrangements bevorzugt. Nichts Schweres und Drückendes soll ausgestrahlt werden.

Wie sieht es jedoch mit dem Element Luft auf dem Balkon und im Garten aus? Um einen Mangel an »Luft« braucht man sich bei einem Garten keine Sorgen zu machen, sollte man meinen. Und doch gibt es tatsächlich Gärten, in denen die »Luft« etwas zu kurz kommt – wie etwa ein sehr enger, dicht bepflanzter Garten. Da gilt es, Freiräume zu schaffen, denn das Element Luft braucht Bewegung, Freiheit, will atmen können. Luft ist der Atem.

Die Blüten sind die Pflanzenteile, die dem Element Luft zugeordnet werden. Lasse es in deinem Garten blühen! Vielleicht schaffst du es, den Bogen über fast alle Jahreszeiten zu schlagen. Erfreue dich an den Blüten, an ihren herrlichen Farben und Formen, beachte die Leichtigkeit, mit der sich die Blüten im Wind bewegen, genieße das Spiel der Insekten und Schmetterlinge. Denke daran, dass das Leben Freude machen soll und darf. Erkenne, wie die Blumen ihre Schönheit verströmen, wie sie nichts zurückhalten für später. Heute blühen sie, heute strahlen sie, zu hundert Prozent, mit all ihrer Kraft, als gäbe es nichts Wichtigeres auf der Welt. Nimm dieses Gefühl in dich auf. Versuche es, und sei es für einige Augenblicke. Liebe diesen Moment. Bewegung, Beweglichkeit, Leichtigkeit, Lebensfreude sind Eigenschaften, die der Luft-Sonne zugeordnet werden. Welches Symbol könnte all dies spielerischer vermitteln als eine Schaukel? Die bringt dich immer in Schwung!

Atme tief und bewusst ein und aus, langsam und regelmäßig. Bewege Arme und Beine. Genieße die frische Luft in deinem Körper, genieße die Bewegung. Danke der Luft für die Freiheit, für die Beweglichkeit, die neuen Erkenntnisse und für jeden Atemzug.

Die Wasser-Sonne: Zeit zum Träumen

Wird die Sonne vom Element Wasser geprägt, lassen sich Ideen kreieren und die fantasievollsten Pläne schmieden. Auch in solchen Phasen macht die Sonne nicht besonders tatkräftig, aber sie regt zum Träumen und Wünschen an. Die besten Voraussetzungen, um sich die nächsten

Vorhaben auszumalen, sind damit gegeben. Wer unzufrieden ist mit seiner Umgebung und sich eine veränderte Gestaltung wünscht, sollte die nächste Sonne im Element Wasser nutzen. Diese Phasen sind gegeben im Juli, im November und im März.

Unter der Sonne im Element Wasser ist das Gefühl gefragt. Das gilt auch für das Design. Schön oder nicht schön? Das ist fast Nebensache. Das Hintergründige ist hier wichtiger als der erste Eindruck. Eine Pflanze muss nicht schön sein, wenn sie nur heilt. Oder wenn sie das Geschenk eines lieben Menschens war. Wenn sie ein Andenken an eine Reise ist. Oder wenn sie einen Kraftplatz betont.

Diese wasserbetonte Sonne spricht alle die an, die sowieso gern nach ihrem Gefühl leben – oder gern danach leben würden. Lasse dich darauf ein! Nur selten entsprechen die Ergebnisse den Maßstäben der Modetrends. Farben und Formen werden sehr individuell zusammengestellt, ganz nach Gefühl eben. Daraus ergibt sich oft eine besonders stimmungsvolle Atmosphäre. Bei einer Gestaltung während der Wasser-Sonne wirkt es, als würden Träume verwirklicht. Meist ist das auch so. Eine so gestaltete Umgebung wird immer das Gefühl ansprechen.
Zeige das Wasser ganz direkt: Stelle einen Zimmerbrunnen auf, und schalte ihn regelmäßig ein. Stelle Gefäße mit farbigem Wasser ans Fenster. Oder besorge dir ein Aquarium.

Wer sich jetzt neu einrichtet, bei dem spielen praktische Überlegungen bei der Auswahl von Möbeln, Farben und Stoffen meist eine untergeordnete Rolle. Die Hauptsache, es gefällt. Wie wäre es, die Wände in der Küche bunt zu streichen, Himmelblau, Türkis oder Sonnengelb? Oder das Bett mit duftigen Schleiern einzuhüllen?

Wenn du einen Garten hast, schaffe dir hier eine grüne Oase, einen schattigen, kühlen »Wasser-Platz«. Dieser sollte, um noch direkter zu wirken, tatsächlich auch Wasser enthalten. Baue einen Teich in deinen Garten! Wunderschön wird er mit Seerosen. Installiere einen Wasserlauf, baue einen Brunnen oder stelle eine Vogeltränke auf! Lasse deine Fantasie spielen!

Aber: Nicht nur das Wasser selbst, auch die grünen Teile der Pflanzen, die Blätter und Gräser, zählen zum Element Wasser. Davon wiederum ist im Garten jede Menge vorhanden, vom Dunkelgrün der Nadelgewächse über den saftig grünen Rasen zu den hellen Blättern eines Zierstrauches. Sich in dieses Grün zu versenken, ist, wie in einen stillen See zu schauen: Es beruhigt und glättet die Gefühlswirren.

Diesen Moment solltest du dir täglich mehrmals gönnen, zumindest in den Zeiten mit Wasser-Sonne. Erhole deine Augen und damit deine Seele – denn die Augen sind die Fenster zur Seele –, während du das Grün deines Gartens auf dich wirken lässt. Wie ein heilender Balsam legt es sich auf seelische Wunden. Die Gefühle werden weicher und liebevoller. Trinke ein Glas klares, reines Wasser. Genieße jeden Schluck. Danke dem Wasser dafür, dass es da ist. Danke dem Wasser für Verständnis, Fantasie und Heilung.

Ausblick

Hast du Lust bekommen, dein Zuhause zu verändern? Sei dir sicher: Dies ist eine einfache und wunderschöne Möglichkeit, dich zu verändern. Wenn du dir bewusst gemacht hast, wie exakt sich dein Inneres in deinem Umfeld spiegelt, kannst du diesen »Spiegel« so gestalten, dass es Freude macht, sich darin zu spiegeln. Du kannst immer neue Facetten von dir entdecken und schließlich genau das Leben führen, das du dir wünschst. Und wenn sich deine Wünsche verändern? Dann veränderst du deine Umgebung erneut! Habe Freude dabei!

Danksagung

Mit großer Freude habe ich dieses Buch geschrieben. Ich danke allen Menschen und Lichtwesen, die mich dazu inspiriert haben. Insbesondere bedanke ich mich bei meinen Verlegern Heidi und Markus Schirner für ihr Vertrauen. Sie haben die Initialzündung gegeben – danke!
Ein großes Dankeschön geht an meine Lektorin Kerstin Noack für ihre aufmerksame Begleitung und ihre sensiblen Korrekturen. Danke an alle Mitarbeiterinnen und Mitarbeiter vom Schirner Verlag, die dieses Buch so schön umgesetzt haben. Es ist wunderbar geworden!
Ich danke meinem Mann Helmut, dass er mit seiner Liebe immer für mich da ist. Und ich bedanke mich bei meiner Familie und meinen Freunden für ihre Wärme und ihre Freundschaft. Ganz herzlich danke ich außerdem all meinen Leserinnen und Lesern, die mich immer wieder inspirieren, meine Erfahrungen mit ihnen zu teilen.
Ihr alle seid ein Segen für mich! Mögen meine Werke ein Segen für euch sein.

Über die Autorin

Barbara Arzmüller ist Innenarchitektin und Autorin. Über Feng Shui, Familienstellen und Astrologie fand sie einen Weg, ihre spirituellen Begabungen in ihren Beruf einfließen zu lassen.

Fast zwei Jahrzehnte lang war die Autorin auf ausgedehnten Saharareisen unterwegs. Die Klarheit und Schönheit der Wüste, ihre Stille und Weite inspirierten sie auf ihrem spirituellen und künstlerischen Weg. Ob auf Reisen oder im Garten – in der Natur findet sie die Verbindung zu Himmel und Erde.

Barbara Arzmüller schreibt Bücher, gibt Beratungen und Seminare und malt Energiebilder. Ihr Ziel ist, die wahre Schönheit der Welt und der Menschen sichtbar zu machen.

www.barbara-arzmueller.de

Kraftlos? Wie sensible Menschen sich schützen und stärken können!

Barbara Arzmüller
Sensible Menschen
Gute Wege zum Schützen und Stärken
200 Seiten
ISBN 978-3-8434-1095-3

Barbara Arzmüller
Sensible Menschen
Gute Wege zu Wohlstand und Wert
200 Seiten
ISBN 978-3-8434-1173-8

Einfühlsam. Liebevoll. Gespürstark.
Die Menschen werden immer sensibler. Damit einher geht allerdings oftmals eine verstärkte Anfälligkeit: Man fühlt sich schnell ausgelaugt und lässt sich leicht ausnutzen. Allergien, psychische Schwankungen, Überforderung und Burn-out können die Folgen sein. Zudem fehlt sensiblen Menschen die Ellenbogenmentalität, die man jedoch, so die weitläufige Meinung, braucht, um in der heutigen Gesellschaft zu bestehen und Erfolg zu haben.

Barbara Arzmüller zeigt unterschiedliche Wege auf, mit dieser Sensibilität besser umzugehen. Zudem zeigt sie, dass Sensibilität kein Grund ist, erfolglos und materiell unerfüllt durchs Leben zu gehen. Der sensible Leser begibt sich mit beiden Büchern auf eine spannende Entdeckungsreise. Er lernt seine besondere Kraft kennen, mit ihr umzugehen, und findet seinen eigenen Weg zu Wohlstand und Erfolg.

Danke
für deine REZENSION
– Gemeinsam sind wir mehr –

Liebe Leserin, lieber Leser,

von Herzen danken wir dir, dass du dieses Buch in den Händen hältst und es bis zum Ende gelesen hast. Das bedeutet uns, dem Schirner Verlag und seinen Autoren, sehr viel. Aus voller Überzeugung und mit Hingabe widmen wir uns seit vielen Jahren Themen, die unser aller Lebensqualität und Bewusstwerdung dienlich sind, und hoffen, einen Beitrag für eine lichtvollere Welt leisten zu können. Wenn dir unsere Arbeit gefällt, möchten wir dich bitten, dir einige Minuten Zeit zu nehmen, um dieses Buch zu rezensieren. Warum? Die meisten Menschen lesen Rezensionen, bevor sie ein Buch kaufen, da sie hierdurch einen Eindruck bekommen, ob und wie der Inhalt des Buches den Leser erreicht hat. Eine kurze Rezension ist dabei ebenso hilfreich wie eine lange, sehr ausführliche. Um es auf den Punkt zu bringen:

Eine Rezension ist heutzutage die beste Werbung für ein Autorenwerk!

Wenn du den Schirner Verlag und seine Autoren neben dem Buchkauf auch anderweitig unterstützen willst, dann bitten wir dich: Schreibe für jedes Werk eine Rezension – am besten auf der Seite, wo du es gekauft hast, und zusätzlich beim Schirner Verlag und bei Amazon. Das wäre nicht nur eine Wertschätzung für die Autoren, sondern kann dazu beitragen, dass die Verkaufszahlen steigen und der Schirner Verlag auch in herausfordernden Zeiten Bestand hat.

WIE SCHREIBT MAN EINE REZENSION?

Grundsätzlich sollte eine Rezension aus der eigenen, subjektiven Sicht geschrieben werden, da es sich um eine persönliche Meinung handelt. Du kannst in zwei Sätzen deine Gedanken zu dem Buch äußern oder eine längere Rezension verfassen. Falls du nicht weißt, wie du beginnen sollst, hier ein paar Anregungen:

- War das Buch leicht verständlich geschrieben? Wie hat dir die Sprache gefallen? Wie empfandest du die Aufteilung der verschiedenen Themen?

- War es unterhaltsam? War es deiner Meinung nach mit Herzblut und Liebe geschrieben? Wie hat es auf dich gewirkt?

- Hat es dein Herz berührt? Konntest du dich wiederfinden?

- War es tief greifend genug? Hast du viel Neues gelernt?

- Hat es gehalten, was der Titel und die Buchbeschreibung versprochen haben? Hat es deine Erwartungen erfüllt?

- Was macht das Buch besonders? Warum sticht es heraus im Vergleich zu anderen Büchern, die ein ähnliches Thema behandeln?

- Würdest du das Buch weiterempfehlen oder verschenken?

Bildnachweis